対話を用いた
英語ライティング指導法

ダイアローグ・ジャーナル・ライティングで学習者をサポートできること

佐藤 雄大 *SATO Takehiro*

Facilitating English Writing
through Dialogue

Exploring the benefits of dialogue journal writing

溪水社

はじめに

　本書は、学習者の英語ライティング・プロセスに教員が介入し、はたらきかけを行うことで学習者のライティング・プロセスがどのように変化するかを量的に分析した研究で、著者が名古屋大学大学院国際開発研究科に博士論文として提出し、2012年3月に受理された論文「ライティング・プロダクト分析を中心としたダイアローグ・ジャーナル・ライティング研究」が基になっている。

　第二言語学習者の英語ライティング指導で「プロセス・アプローチ」という言葉はよく使われ、実際に教育現場で利用され、成果を上げてきている。ただし、実践や研究で注目されるのは、そのアプローチでどのような英文を書くことが出来るようになったかという点であり、学習者のライティング・プロセスでどのように書く英文が変化するのかということを対象とした研究は少ない。教育現場で、教員が学習者のライティング活動に介入し、はたらきかけることによって、学習者の書く英文がどのように変化するか、ということは基礎的な研究であるが、第二言語ライティング実践、そして研究をより充実させるためには必要な研究であり、年齢・構成・習熟度など様々なレベルの学習者に対するこのような基礎研究がこれからも必要だと思われる。

　著者が、常に参照し、インスピレーションを得てきた心理学者に旧ソ連の Lev Vygotsky がいる。彼は「最近接発達の領域 (Zone of Proximal Development; ZPD)」でつとに有名であるが、彼の著作に一貫して流れるのは「学習者をどのように考えるか」という人間観である。彼は、学習者を「今日どれだけできるか」という到達度に着目し、学習者を固定するように考えるのではなく、「明日どのように変化するのか」という眼差しで見ているし、そういった研究を生涯にわたって行い、今なお影響力を持っている。著者も Vygotsky 同様に、学習者が明日思いもよらないような成長

i

することの可能性を考え、教育にあたり、そういった可能性を研究の対象としたいと考えるようになった。

　本書では、プロセス・アプローチが生まれた背景・理論から入り、その代表的なライティング実践である「ダイアローグ・ジャーナル・ライティング」を取り上げ、習熟度の異なる大学生に対して三ヶ月にわたり実践し、学習者が書いた英文の量的変化を追った。また同時に同じ習熟度、期間、頻度で、自由英作文を実施し、DJW と比較する対象を設けることで、よりこのライティング・プロセスに教員が介入することによる学習者ライティングの変化を明確にするようにした。ライティング・プロセスを分析する方法として、ライティング活動中にプロトコルを記録したり（think aloud protocol）、活動後にプロトコルを記録する（retrospective protocol）などの方法で、学習者の「意識の変化」も対象とすることができるし、実際本研究と並行してプロトコル研究も行ったが、本書の基となった博士論文でまとめたのは量的変化（平均語数、節の長さ、T-unit、異なり語割合など）と質問紙調査に基づいた学習者の有能感・意欲の変化のみである。量的な変化の分析だけではプロセス研究は不十分であることは十分承知しているが、実際の教育現場で行われたライティング指導で学習者が書いた英文テキストを書き起こし（総数 954 ファイル）、それらを数量的に分析し、量的分析で「何が分かるか」、そして「何が分からないか」を明確にしたことは、本研究の意義であると自負している。

　当初、著者は博士論文に手を加えて、本書を改めて書き著そうと考えたが、博士論文はそれ自体首尾一貫した論旨と構成を持っているので、第 1 章から第 8 章までは、わずかな修正を加えたのみで、その他は博士論文そのままである。わずかに第 9 章の最後のこれからの研究展望について新たに書き加えたのみである。

　本書の刊行にあたっては、渓水社の木村斉子さんには、文科省学術出版助成金申請の段階から助けていただいた。この場を借りてお礼申し上げたい。

　本書の刊行にあたっては、独立行政法人学術振興会平成 26 年度科学研

究費・研究成果公開促進費（課題番号265081）の交付を受けた。記して感謝したい。

目　次

はじめに …………………………………………………………………… i

第 1 章　序論
1.1　本研究の位置づけ ………………………………………………… 3
1.2　本研究の目的 ……………………………………………………… 5
1.3　本研究の構成 ……………………………………………………… 6

第 2 章　ダイアローグ・ジャーナル・ライティング（DJW）の先行研究
2.1　L2 ライティングとプロセス・アプローチ ………………………10
　　2.1.1　L2 ライティング略史 ………………………………………10
　　2.1.2　プロセス・アプローチ ……………………………………12
　　2.1.3　認知的ライティング・プロセス研究 ……………………14
2.2　DJW の概要 ………………………………………………………20
　　2.2.1　DJW 研究のはじまり ………………………………………21
　　2.2.2　DJW の特色 …………………………………………………22
2.3　DJW 研究 …………………………………………………………24
　　2.3.1　海外における DJW 研究 …………………………………25
　　2.3.2　日本における DJW 研究 …………………………………29
2.4　先行研究における問題点 ………………………………………34
　　2.4.1　ライティング・プロセスへの介入 ………………………34
　　2.4.2　ライティング・プロダクトの言語指標 …………………35
　　2.4.3　テキストレベルの分析 ……………………………………35
　　2.4.4　動機づけ分析について ……………………………………35
　　2.4.5　対象者数 ……………………………………………………36
　　2.4.6　分析手法 ……………………………………………………37

2.5　第2章のまとめ ……………………………………… 38

第3章　本研究の仮説
3.1　ライティング・プロセスへの介入とテキストレベルの分析について ……………………………………………… 39
3.2　ライティング・プロセスとDJW ……………………… 41
　3.2.1　ライティング・プロセスと「課題環境（Task environment）」 ……………………………………………… 41
　3.2.2　ライティング・プロセスとレトリック的状況 ……… 43
　3.2.3　ライティング・プロセス・モデルとDJW ………… 47
3.3　DJWの教育的意味 …………………………………… 49
　3.3.1　最近接発達の領域（Zone of Proximal Development） …… 50
　3.3.2　交流的足場かけ（Interactional scaffolding） ……… 51
　3.3.3　DJWの具体例 …………………………………… 54
　　3.3.3.1　「動員」 ……………………………………… 55
　　3.3.3.2　「方向性の維持」 …………………………… 55
　　3.3.3.3　「感情の落ち込みを調整する」 …………… 56
　　3.3.3.4　「例示」 ……………………………………… 56
　　3.3.3.5　「気づき」 …………………………………… 57
　3.3.4　教員レスポンスにおけるリキャスト ……………… 57
　3.3.5　語彙の多様性について ……………………………… 59
3.4　DJWによる動機づけ ………………………………… 59
　3.4.1　学習者のDJWに対する感想 ……………………… 60
　3.4.2　相互作用と有能感 ………………………………… 61
3.5　理論的仮説 …………………………………………… 63
3.6　第3章のまとめ ………………………………………… 64

第4章　本研究の方法
4.1　文レベルまでの指標 ………………………………… 66

- 4.1.1 言語指標の問題点 …………………………………… 66
- 4.1.2 ライティングの発達指標 …………………………… 67
- 4.1.3 平均語数（ANW）…………………………………… 68
- 4.1.4 節の長さ（CL）……………………………………… 69
- 4.1.5 T-unit 複雑性（TC）………………………………… 70
- 4.1.6 異なり語割合（TTR）……………………………… 71
- 4.1.7 先行研究との比較 …………………………………… 72
  - 4.1.7.1 平均語数（ANW）………………………………… 72
  - 4.1.7.2 節の長さ（CL）…………………………………… 72
  - 4.1.7.3 「複雑さ（文法）」：T-unit 複雑性（TC）……… 73
  - 4.1.7.4 「複雑さ（語彙）」：ギロー指標（GI）………… 73
- 4.2 テキストレベルの分析 ………………………………………… 73
  - 4.2.1 Kintsch の構築・統合モデル（Construction-Integration Model）
    …………………………………………………………… 74
  - 4.2.2 結束性 ………………………………………………… 76
  - 4.2.3 首尾一貫性 …………………………………………… 78
  - 4.2.4 潜在意味解析（Latent Semantic Analysis：LSA）……… 80
  - 4.2.5 Coh-Metrix の利用 …………………………………… 82
  - 4.2.6 トピックの分割について …………………………… 85
    - 4.2.6.1 複数のトピックとその平均値 …………………… 85
    - 4.2.6.2 参考値としての最大値 …………………………… 86
  - 4.2.7 まとめ ………………………………………………… 87
- 4.3 質問紙 …………………………………………………………… 87
  - 4.3.1 質問紙法 ……………………………………………… 87
  - 4.3.2 質問紙 ………………………………………………… 88
  - 4.3.3 質問項目と順番 ……………………………………… 89
- 4.4 自由英作文との比較 …………………………………………… 89
  - 4.4.1 自由英作文（Free writing: FW）…………………… 90
  - 4.4.2 DJW と FW との違いと活動上の配慮 ……………… 91

  4.5 その他の留意事項 …………………………………… 91
  4.6 第4章のまとめ ……………………………………… 92

第5章　ライティング・プロダクトの分析
  5.1 DJW・FW の実施について ………………………………… 94
    5.1.1 実施対象者とその学習者群 ……………………… 94
    5.1.2 各学習者群の英語力 ……………………………… 95
    5.1.3 学習者群の習熟度の差 …………………………… 96
  5.2 実施方法 ………………………………………………………… 97
    5.2.1 両活動に共通した事項 …………………………… 97
      5.2.1.1 実施回数・活動時間 ………………… 97
      5.2.1.2 授業担当者とライティング担当者 ………… 98
      5.2.1.3 実施に使用したライティング用ジャーナル ……… 98
    5.2.2 両活動で異なる事項 ……………………………… 98
      5.2.2.1 DJW の活動手順 ……………………… 98
      5.2.2.2 FW の活動手順 ………………………… 99
      5.2.2.3 英語授業の違い ……………………… 99
  5.3 分析方法について ……………………………………………… 99
    5.3.1 ライティング・プロダクトのテキストファイル化 …… 99
    5.3.2 文レベルまでとテキストレベルの指標の算出方法 … 100
    5.3.3 分析に使用したコンピュータソフト・プログラム … 101
    5.3.4 習熟度の扱いについて …………………………… 101
  5.4 文レベルまでの指標分析 ……………………………………… 102
    5.4.1 統計の分析方法 …………………………………… 102
    5.4.2 平均語数（ANW）の比較分析 ………………… 103
      5.4.2.1 PU 群の分析結果 …………………… 103
      5.4.2.2 NU 群の分析結果 …………………… 105
      5.4.2.3 ANW の分析について ……………… 107
    5.4.3 節の長さ（CL）の比較分析 …………………… 108

5.4.3.1　PU 群における分析結果 …………………… 108
　　　5.4.3.2　NU 群における分析結果 …………………… 109
　　　5.4.3.3　CL の分析について …………………………… 111
　　5.4.4　T-unit 複雑性（TC）の比較分析 ………………… 111
　　　5.4.4.1　PU 群における分析結果 …………………… 111
　　　5.4.4.2　NU 群の分析結果 …………………………… 113
　　　5.4.4.3　TC の分析について …………………………… 115
　　5.4.5　異なり語割合（GI）の比較分析 ………………… 115
　　　5.4.5.1　PU 群の分析結果 ……………………………… 115
　　　5.4.5.2　NU 群の分析結果 ……………………………… 117
　　　5.4.5.3　GI の分析について …………………………… 119
　　5.4.6　文レベルまでの指標分析のまとめ ……………… 119
　5.5　テキストレベルの指標分析 …………………………… 120
　　5.5.1　アーギュメント重複（AO）の比較分析 ………… 121
　　　5.5.1.1　PU 群の分析結果 ……………………………… 121
　　　5.5.1.2　NU 群の分析結果 ……………………………… 123
　　　5.5.1.3　AO の分析について …………………………… 126
　　5.5.2　潜在意味解析（LSA）の比較分析 ………………… 127
　　　5.5.2.1　PU 群の分析結果 ……………………………… 127
　　　5.5.2.2　NU 群の分析結果 ……………………………… 129
　　　5.5.2.3　LSA の分析について ………………………… 132
　5.6　第 5 章のまとめ ………………………………………… 132

第 6 章　質問紙調査の分析
　6.1　質問紙調査の概要 ……………………………………… 134
　　6.1.1　目的 ……………………………………………… 134
　　6.1.2　質問紙調査の制約 ……………………………… 134
　　6.1.3　実施方法・対象者 ……………………………… 136
　　6.1.4　質問項目 ………………………………………… 136

6.2	記述統計量 ……………………………………………	136
	6.2.1　事前調査の記述統計量 …………………………	136
	6.2.2　事後調査の記述統計量 …………………………	137
6.3	事前・事後調査の回答分布変化 ………………………	138
	6.3.1　「有能感」の質問群 ……………………………	138
	6.3.2　「意欲」の質問群 ………………………………	140
	6.3.3　「方略」の質問群 ………………………………	141
6.4	事前・事後の分散分析 …………………………………	144
	6.4.1　「有能感」の質問群 ……………………………	145
	6.4.1.1　質問項目1の事前・事後比較 ……………	145
	6.4.1.2　質問項目3の事前・事後比較 ……………	145
	6.4.1.3　質問項目4の事前・事後比較 ……………	146
	6.4.1.4　「有能感」の質問群のまとめ ……………	147
	6.4.2　「意欲」の質問群 ………………………………	147
	6.4.2.1　質問項目2の事前・事後比較 ……………	147
	6.4.2.2　質問事項11の事前・事後比較 …………	148
	6.4.2.3　「意欲」の質問群のまとめ ………………	149
	6.4.3　「方略」の質問群 ………………………………	149
	6.4.3.1　質問項目5の事前・事後比較 ……………	149
	6.4.3.2　質問項目6の事前・事後比較 ……………	150
	6.4.3.3　質問項目7の事前・事後比較 ……………	151
	6.4.3.4　質問項目8の事前・事後比較 ……………	151
	6.4.3.5　「方略」の質問群のまとめ ………………	153
6.5	第6章のまとめ …………………………………………	153

第7章　結果

7.1	文レベルまでの指標分析について ……………………	155
	7.1.1　ANWの分析結果について ………………………	155
	7.1.2　GIの分析結果について …………………………	157

7.1.3　TC の分析結果について ································· 162
　　　7.1.4　CL の分析結果について ································· 165
　　　7.1.5　文までのレベルの指標分析のまとめ ················· 165
　7.2　テキストレベルの指標分析について ························ 166
　　　7.2.1　AO の分析結果について ································ 166
　　　7.2.2　LSA の分析結果について ······························ 169
　　　7.2.3　テキストレベルの指標分析のまとめ ················ 172
　7.3　質問紙調査分析の結果 ··· 173
　7.4　第 7 章のまとめ ··· 176

第 8 章　考察
　8.1　仮説 1 と 2 と文までのレベルの指標について ············ 178
　　　8.1.1　仮説 1 の DJW の平均語数の向上について ········ 178
　　　8.1.2　仮説 2 の DJW における多様な語彙使用 ··········· 180
　　　8.1.3　T-unit 複雑性について ································· 183
　8.2　仮説 3 のテキストレベルの発達について ················· 185
　　　8.2.1　DJW と AO・LSA について ·························· 185
　　　8.2.3　「書く活動」と「その他の活動」の時間の割合 ···· 187
　8.3　仮説 4 の有能感と意欲について ····························· 190
　8.4　DJW はどんなライティング活動か－ライティング教育への
　　　示唆－ ·· 191
　8.5　第 8 章のまとめ ··· 192

第 9 章　結論
　9.1　本研究のまとめ ··· 194
　9.2　本研究の限界 ·· 197
　　　9.2.1　学習者群について ······································· 197
　　　9.2.2　DJW プロセスの研究について ······················· 198
　　　9.2.3　指標の妥当性 ··· 199

9.2.4　質問紙調査 …………………………………………… 199
　9.3　今後の展望 …………………………………………………… 200

参考文献 …………………………………………………………… 205

資料
　資料１：トピック数一覧 ………………………………………… 217
　資料２：FWで教員が提示したテーマ一覧 …………………… 219

あとがき ………………………………………………………… 221
索引 ……………………………………………………………… 225

対話を用いた英語ライティング指導法
——ダイアローグ・ジャーナル・ライティングで学習者をサポートできること——

第 1 章　序論

1.1　本研究の位置づけ

　ダイアローグ・ジャーナル・ライティング（DJW）とは、ジャーナル（日記帳）を、目標言語で学習者と教員がやりとりするライティング教育活動である。この活動は、初級学習者用のライティング指導法と紹介されたり（Scarcella & Oxford, 1992）、英語教員指導のためのライティング活動として利用されたり（Lee, 2004）するなど、ライティング活動として幅広く利用され、現在まで多くの実践報告や研究報告がなされてきた、ユニークなライティング指導法の一つである（Casanave, 1994; Duppenthaler, 2002a,b, 2004; Kreeft, 1984; Mahn, 1997, 2008; Moulton, & Holmes, 1994; Nassaji & Cumming, 2000; Talburt, 1995; Weissberg, 1998; Yoshihara, 2008）。

　DJW は、もともと 1980 年代以降、ライティング指導理論の中でプロセス・アプローチが台頭してきた時、そのアプローチが重視するライティング・プロセスへの教員の介入を具体化する指導法として注目されるようになり（Susser, 1994）、実践されるようになった。書き言葉による教員との「対話」によって、心理的ストレスが少ないと考えられ、学習者が内面的なことを書きやすいことから、北米の DJW 研究では、L1、L2 ライティングの研究対象よりも、ジャーナルを通したコミュニケーションで、学習者がどのように変化していくかということに焦点が当てられる研究が盛んに行われた（Mahn, 1997; Moulton & Holmes, 1994; Nassaji & Cumming, 2000; Talburt, 1995）。

　一方、プロセス・アプローチが盛んではなかった 1990 年代の日本で、DJW はプロセス・アプローチのライティング指導法として徐々に実施され、研究され始めた（Casanave, 1994; 木村, 1994）。特に、日本の中等教育

機関での英語教育では、ライティング活動は限定されたもので、和文英訳や例文暗記で終わる場合も多いため[1]（宮田他, 2002）、それを改善する目的で、DJWを利用し始める例も多かった（Duppenthaler, 2002a; 木村, 1994; 佐藤, 2002）。また、ライティング教育に関する、高校と大学の指導内容の違いに目を向けると、大学ではライティングを通して思考力を深めることを目指し、エッセイ・ライティングを指導するところが多く、和文英訳などの英語ライティング教育だけを受けてきた学習者にとって、ギャップが大きいことも問題となっていた[2]。このような中等教育から高等教育への急激な変化を緩和する手段として、DJWを実践研究しているものもある（Casanave, 1994; Yoshihara, 2008）。

　北米でのL2ライティング教育とは状況が異なり、日本において量を書くことに慣れる活動であったり、高等教育への移行アプローチとしてDJWがライティング教育として実施されているが、このような実践を対象とした研究では、実践報告に重点が置かれている一方、DJWがライティング・プロダクトに対して、どのような効果があるのかという点が深められていない。例えば、Casanave（1994）はDJWを行い、T-unitを単位としてプロダクト分析を行い、産出量が増え、また正確さも伸びているという結果を報告しているが、比較すべき対照活動が無いことと統計的処理ではなく、傾向性への言及にとどまっていることから、果たしてCasanaveの報告が、本当にDJWの効果を示していたものであるかどうかが定かでは

---

1) 宮田ら（2002）の大学生、短期大学生計300名に対して行ったアンケート結果から、高校英語授業での「書く分野」で重点が置かれていた指導は、「文型や表現の暗記・反復練習」が43.8%、「和文英訳」が35.1%であり、「自由英作文」は6%にとどまっていた。
2) 大学英語教育学会（JACET）実態調査委員会が高等教育機関の450名の英語教員に行ったアンケートによると、「ライティングの授業では主に目標をどこに置いていますか」という設問に対して、「日常生活に必要なライティング力」（56.8%）が最も多く、二番目に「ライティングを通して思考力を高める」（31.9%）であった。また「ライティングの授業では主にどこに力点を置いて指導していますか」という設問に対しては、「パラグラフ・ライティング」（48.3%）が最も多く、次に「エッセイ・ライティング」（35.8%）となっていた。

ない。またYoshiharaの研究では、質問紙調査の分析から、学生がDJWを好意的に受け止めていることを報告しているが、それ以上の分析は行われていない。

以上のように、DJWは日本のような外国語ライティング環境において、必要なライティング活動と認識されてきている活動であるが、このライティング活動によって、学習者のライティング・プロダクトにどのような影響があるのか、そしてそれがどれほどDJW独自の効果であるかが明らかになっていないのが現状である。こうした現状を受けて、本研究では、DJWのライティング・プロダクトに着目し、他のライティング活動と比較することで、DJWのライティング活動として、何が特有の効果であるかを明確にしたい。

1.2 本研究の目的

本研究では、上述したようなユニークなライティング指導として多く実践されているDJWが、学習者のライティング・プロダクトに、どのような影響を与えるかという点を明らかにし、L2ライティング研究とDJWを利用している授業活動への指針に貢献できればと考える。

このプロダクト分析に関して、本研究では以下の三つを重要な視点と考えている。

1．心理的ストレスが少ないと言われるDJWは、他のライティング活動と較べて、ライティング・プロダクトにどのような特色が現れるのか。

2．プロセス・アプローチの一つであるDJWは、「介入」が一つの重要な要素であるが、その介入とはどのようなものか、そしてそれがプロダクトにどのような影響を与えると考えられるか。

3．DJWは、学習者のライティングに関する意識に、どのように働き

かけるか。

　以上の視点から、本研究ではDJWと対照ライティング活動として自由英作文（Free writing）を、大学の半期の英語授業を利用して実施し、そこで学習者によって書かれたプロダクトを、いくつかの言語指標を対象として統計分析を行うこととする。さらに習熟度という視点から検討できるように、二つの異なった習熟度でライティング活動を行い、それらを対象として結果を考察し、DJWがライティング・プロダクトにどのような影響を与えるかということを明らかにしたい。また本研究はプロダクト分析を中心とするが、補足的に質問紙調査も行い、DJWがどのように学習者の意識に働きかけるかを分析し、プロダクト分析を補うこととしたい。

1.3 本研究の構成

　本研究は、上述の研究目的を達成するため、以降の章で、先行文献研究、プロダクト分析、質問紙調査分析、分析にもとづいた結果と考察を経て、結論にいたる構成となっている。以下、詳しく本研究の構成について述べる。

　第2章では、DJWの先行文献を分析することで、DJW研究の到達点についてまとめる。DJWは、1980年代以降、ライティング指導のプロセス・アプローチの一つとして研究・実践されてきたものであるため、DJWの特色を正確に把握するために、はじめにプロセス・アプローチを概観し、その後DJWの初期の研究であるStaton, Shuy, Peyton,& Reed（1988）の*Dialogue Journal Communication*をもとにして、多くのDJWにも共通する特色を確認したい。後半では、DJWは多分野で実践され、研究されているが、本研究はL2ライティングに焦点を絞るため、北米でのDJW研究と日本でのDJW研究の主要なものをまとめ、現時点でのDJW研究の到達点を確認することとする。

　第3章では、DJWのプロダクト研究で、今まで対象とされてこなかったテキストレベルの内容的一貫性を、プロセス・アプローチの特色である

「教員の介入」と共に考察する。ライティング研究では、一般的にテキストレベルの指標として内容的一貫性（具体的には結束性や首尾一貫性）を対象とすることが多い。この一貫性は、認知的ライティング・プロセスの研究によると、Bitzer（1968）の言うところの「レトリック的状況」を、書き手がどれほどよく検討するかによって変化してくるということである。DJW は、そういったライティング・プロセスのレトリック的状況の検討作業に、教員が頻繁に介入する点で特色ある活動であり、教員はその介入によって、指導するということではなく、学習者の活動に足場を作るように、支援することに重点を置く活動となっている。このような DJW の特色は、テキストレベルに他のライティング活動とは違った影響を与えると考えられる。さらに、介入は動機づけでも有能感や意欲を与えると言われている。これらの点について理論的に考察し、本研究の仮説を提示することとする。

　第 4 章では、DJW のライティング・プロダクト分析にあたって、指標の適切さを検討する。本研究は、L2 学習者である大学生を対象として DJW を実施するため、ライティング・プロダクトの分析に際して、L2 ライティングの発達が考慮された指標を分析対象とする必要がある。L2 ライティングの発達指標に関しては、Wolfe-Quintero, Inagaki & Kim（1998）の詳細な研究があるため、本研究でも彼女らの研究を参考としつつ、分析指標を検討する。文レベルまでの指標として、平均語数、節の長さ、T-unit 複雑性、異なり語割合を取り上げることとし、これらの指標の一つ一つについて詳述することとする。一方、理論的仮説を検証するため、テキストレベルについても対象とするが、テキストレベルの指標については、従来結束性、首尾一貫性を人間の判定によって数値化していた。しかしながら、本研究では 1000 個程度の学習者プロダクトを対象とするため、人間の判定では客観性を確保することが難しいことから、コンピュータによって自動に算出される「アーギュメント重複」と「潜在意味解析」を指標として用いることとする。「アーギュメント重複」は従来からライティング指標として用いられているが、「潜在意味解析」はまだ L2 ライティ

ング研究において研究は進んでいない。しかし、両指標とも理論的に確立されたものであるため、その理論的な背景に触れ、ライティングのテキスト判定として使用可能であることに述べたい。DJWの動機づけやライティング方略の調査では、質問紙調査を用いることとし、その質問項目についても検討する。

　第5章では、本研究の中心となるDJWと自由英作文（FW）の実施方法、分析方法について述べ、集められたプロダクトを、文レベルまでの指標とテキストレベルの指標で分析することとする。本研究は、中級学習者層の二つの異なった習熟度レベルの大学生を対象とし、半期の授業内で9回DJWとFWを実施した。その結果産出されたライティング・プロダクトを対象とし、「活動の違い」と「活動の経過」を二つの要因とする分散分析で、両活動の違いを統計分析する。

　第6章では、質問紙調査の実施方法、分析方法について述べ、その分析を報告する。質問紙を「有能感」、「意欲」、「方略」という質問で構成し、5章で対象とした大学生の内、習熟度の高い学習者群を対象にライティング活動実施前と実施後で質問紙調査を行い、その回答結果を対象に分散分析を行い、DJW活動前後で、どういった点で学習者の意識に変化が現れるかを分析する。

　第7章では、5、6章で行った分析の結果をもとに、DJWの特色を、FWとの比較や習熟度の違いをあわせて、まとめることとしたい。またプロダクト指標の数値からでは分かりにくいため、実際の書き込みも代表的なものを取り上げて、数値による分析と合わせて確認しておきたい。最後に、質問紙調査分析で得られた「有能感」、「意欲」、「方略」についての分析結果をまとめ、プロダクト分析とあわせて考察する資料とするようにしたい。

　第8章では、それまでの分析・結果を受け、先行研究をあわせて総合的にDJWのライティング・プロダクトについて、何が言えるかを考察することとする。7章までは、文レベルまでの指標とテキストレベルの指標を、それぞれ独立して分析を行うこととなるが、この8章では、それらの分析

結果をあわせて考察し、DJWで学習者が書く文章にはどういった特色が見られるかを考察したい。また、理論的に仮説で提示する、DJWにおける教員の介入と足場かけによる文章の一貫性への影響に関しても、アーギュメント重複と潜在意味解析の分析をもとに考察することにする。質問紙調査分析で得た分析結果は、ライティング活動全体に関連してくるもののため、意識の変化もプロダクト分析の結果に結びつけたい。最後に、それらの考察をもとに、DJWの実践に対する示唆を述べたいと考えている。

　第9章では、本研究をまとめて、結論を述べたい。本研究では、前述したように、DJWという、コミュニケーション方法として評価を得ているライティング活動によって、学習者が、実際のどのような英文を書いているかを分析するが、その結果得られたものをまとめたい。また、本研究は、授業内で実施されたライティング活動のプロダクト分析に焦点を絞るため、研究に一定の制限を加えるため、研究結果にも限界がいくつかの点で含まれている。その限界を述べた後、最後にこのDJW研究に関する展望を述べたいと思う。

第2章 ダイアローグ・ジャーナル・ライティング（DJW）の先行研究

　本章ではDJW研究の先行研究を取り上げ、DJWに関して現在まで行われてきた研究を検討する。この検討によって、DJWに関して解明されている点とまだ研究が深まっていない点を明らかにし、本研究の目的であるDJWのライティング・プロダクト分析に関する論点を明確にしたい。

　DJWは、第二言語（Second Language, 以下SL）及び外国語（Foreign Language, 以下FL）ライティング（以下SLとFLをまとめてL2ライティングとする）指導のプロセス・アプローチの一つであることから、はじめにDJWの背景にあるL2ライティングとプロセス・アプローチを取り上げ、DJWをL2ライティングの中で位置づける。その後DJWの先行研究を取り上げ、現在まで研究されてきたことを精査する。

2.1　L2ライティングとプロセス・アプローチ
2.1.1　L2ライティング略史

　現在のL2ライティング研究の中心的な役割を果たしているのは、北米でのSLライティング、特に英語による第二言語ライティング研究（以下ESLライティング研究）である（佐藤, 2010）。以下このESLライティング研究を中心に、現在までのL2ライティング史を簡単にふり返る。

　北米におけるESLプログラムでのライティング教育は、第二次世界大戦中から徐々に行われてきたが、1950年代以降留学生数が増えた頃から、ESLライティングが研究領域として意識されるようになってきた。例えば1947年に、大学生のライティング教育のため設立されたConference on College Composition and Communicationにおいても、はじめの10年間は

ESL学生がほとんど研究対象とされることはなかったが、1950年代以降、留学生の増加と共にESLライティングが大会のトピックとして取り上げられるようになった（Matsuda, 1999）。この当時のL2教育は、Charles C. Friesにはじまるパターン・プラクティスが主流であり、L2ライティングもその影響を受け、定型の表現や句を覚え、それをライティング活動で再生できるように練習する制限英作文指導が中心であった（Silva, 1990）。

その後1966年にL2教育の専門学会 Teachers of English to Speakers of Other Languages（以下TESOL）が発足した後、ESLライティング研究の中心はTESOLへと移行した。この頃には、それまで制限英作文が中心であったL2ライティング教育も、書き手の意志が反映しないパターン・プラクティス的な指導法から、レトリックの形式を指導し、ある程度の長さのエッセイを書くレトリック重視のライティング指導法へ転換していた。

その後1992年にL2ライティングの専門誌として *Journal of Second Language Writing*（以下JSLW）が発刊されるまでになった。このJSLWが発刊される1990年代までに、L2ライティング研究では、1980年代以降のL1ライティング研究における表現主義のプロセス・アプローチと認知科学を応用したライティング・プロセス研究の影響により、Vivian Zamel（1983）を筆頭に、後で詳述するプロセス・アプローチがL2ライティング指導のスタイルとなっていた。JSLWの巻頭論文でも、Santos（1992）は当時のESLライティングの主流を「プロセス・アプローチ」、「科学的な研究指向」、「実用主義」であるとまとめている。

その後、このJSLWを中心にL2ライティング研究は深められ、ポストプロセスライティングやEFLライティングなどもJSLWで取り上げられ、L2ライティング研究は幅を広めていった。

2008年に、このL2ライティング研究の20年間をふり返った論集として、Leki, Cumming, & Silva らは、*A Synthesis of Research on Second Language Writing in English*（2008）を出版した。この論集では、1980年代から2005年までのL2ライティング研究を網羅的に扱い、テーマ毎にまとめあげている。以前のL2ライティング研究の中では、あまり取り上げられなかっ

たコーパスを利用した研究が増えていることが、この論集でわかる一方、依然として、ライティング・プロセスに焦点を当てた研究も多く、L2 ライティングにとってプロセス・アプローチが重要な手法であることが分かる。

2.1.2 プロセス・アプローチ

上記のように、第二次世界大戦後徐々に L2 教育分野でもライティングの認知度が高まり、教育研究の量と質が豊かになってきた。その中にあって、プロセス・アプローチは 1980 年代以降 L2 ライティング教育の中で継続した関心を集めていることが分かる。また本研究で取り上げる DJW も、このプロセス・アプローチの一つとして認知されている。

そもそもプロセス・アプローチは、後述するように L1 ライティングの分野から生まれたものであるが、L2 ライティング研究でこのプロセス・アプローチを端的にまとめた、Susser（1994）の定義で、このアプローチの概要を押さえることにしたい。Susser は、ライティングにおけるプロセス・アプローチを「プロセス・ライティング教育」として以下のように定義している。

> Process writing pedagogies have two essential components: *awareness* and *intervention*.（Susser, 1994, p. 34）

ここでの「気づき（awareness）」とは、ライティングというものは書くことが決まっていて、それを「書く」だけだと学習者は考えているが、実は書く過程で書く内容がはじめて明確になっていくことに、学習者が気づくことを意味している。そしてその気づきを、ライティング教育で、教員が講義するのではなく、教員が学習者のライティング・プロセスに「介入（intervention）」することによって、学習者が気づくように支援することが、プロセス・アプローチということになる。こういったライティング教育に対する考え方は、Leki et al.（2008）でも分かるように、現在でも L2 ライ

ティングの中で大きな比重を占めている。以下、そのプロセス・アプローチが、どのように生まれたかということを詳しく見ていくこととする。

　L2ライティング史で触れたように、1980年代までレトリック中心のライティング指導が、L2ライティングでは主流であった。レトリック中心のライティング指導とは、ライティングの形式にはレトリック的定型があり、内容をその中にはめ込んでいく作業のようなものとして指導する指導法である。それ以前のパターン・プラクティスのように、まったく書き手と関係ない内容を練習するのとは違い、書き手の考えている内容をライティングの中に取り込めるのは良い点であったが、レトリック的な定型に当てはめていくという形式重視のため、自由度が少ないことに問題がなくはなかった（Silva, 1990）。認知的ライティング・プロセス・モデルを提示することになるFlower & Hayes（1977）は、レトリックの定型を学生に提示したり、推奨されるスタイルを体得すること、文法・語法を強調するレトリック重視の指導では「17世紀の指導法と同じである」と批判している。また実際にL2ライティングの指導にあたっていた教師も、学習者に書く内容をあらかじめ用意して、モデル文をまね、序論・本論・結論という形式に当てはめて書くこと、そして文法や語彙などの間違いに注意を払うことにのみ集中することに疑問を投げかけている（Spack & Sadow, 1983）。

　こうしたレトリック重視の指導法に対して、1960年代後半からのL1ライティングではライティング・プロセスを重視する「表現主義」の主張がされるようになってきた。形式にとらわれることなく考えることの重要性を主張する表現主義の中で、中心にいた1人のMurray（1969）はライティング・プロセスについて次のような洞察を残している。

> Why do writers write? To inform, to persuade, to entertain, to explain, but most of all to discover what they have to say. The layman believes . . . that the writer has a complete thought or revision he merely copies down, acting as a stenographer for the muse. . . . For most writers the act of putting words on paper is not the recording of a discovery but the very act of exploration

itself.（p. 908）

　書く前に作られた内容を書き写すのがライティングではなく、ライティングとは書きながら内容を探索していく作業であると主張し、「書き手にとってライティングとはプロセスであり、自ら見つけなければならないものの見方であり、感じ方である。つまり意味の発見である」（p. 908; 著者訳）と主張している。

　このL1ライティングにおける表現主義は、一つの大きな流れを形成し（Faigley, 1986）、それまでの行動主義や定型的なレトリック重視の作文教育に対して、書き手は書くプロセスの中で考えが広がり、まとまったりするというライティング・プロセスの重要性を主張した。この主張は、書き手の書く内容を固定的に捉えず、まず書いてみることを推奨したという点で、既存のライティング指導と大きく違っていた。そして、次に詳述する認知的なライティング・プロセス研究でわかった、ライティング中に起こっている認知的活動の現象面を、すでに正確に捉え、作文教育に取り入れようとした点で、表現主義は大きな貢献をしている。

2.1.3　認知的ライティング・プロセス研究

　上述した表現主義のL1ライティング研究者らは、ライティングの最中に起こることを「自らの経験」や小説の中に現れる「小説家の内面分析」、あるいは*Paris Review*等で掲載される「職業作家のインタビュー」をデータとして主張を展開するのみであった（Plimpton, 1963）。このような主張は、作文教育研究の内部では影響力があったものの、客観的なデータを提示することができないことが原因として、説得力を持って広めるところまで至らなかった。

　このような状況に対して、早くからライティング・プロセスに関心を持っていたJanet Emig（Emig, 1964）は、1971年の研究（Emig, 1971）ではじめてライティング研究に発声思考法（think-aloud）プロトコルを用い、16才～17才の8人の高校生を対象としたライティング・プロセスの研究

を行った。その研究の結果、ライティング・プロセスは「同じようなペースで、左から右へ、途切れることなく」行われるものではなく、「行きつ戻りつする」(recursive)活動であることが分かった。また学校・教師から提示されたトピックやモデルで、学習者はライティングそのものに関心を持つことができないこと、それよりもライティング活動中にいろいろ見直しをしたり、学習者に機会や時間を与えて、書いている間に内容を作り上げていくことが、学習者に関心を持たせることも示唆されている。この Emig のプロセス研究は、これ以降のライティング研究に認知的な研究方法を導入し、その後のプロセス・モデルの研究につながる「休止」や「推敲」などのテーマも与えている。

　Emig の実証的研究を、さらに進めるきっかけとなったのは、Flower & Hayes（1977, 1981）と Hayes & Flower（1980）で、ライティング・プロセス研究に Newell & Simon（1972）の認知科学分野における「問題解決（problem solving）」研究や情報処理モデルの知見が応用されたことによる。「問題解決」分野からは、決まった手順（アルゴリズム）で解決できない問題に対処する方法として、今まで割と上手くいった方法を探し出したり、似た解法を見つけたりする経験則的な「ヒューリスティクス（発見法）」（heuristics）を、Flower & Hayes（1977）は、ライティング教育に取り入れ、そのヒューリスティクスを訓練する方法として、ブレイン・ストーミングやマッピングをライティング教育の中に取り入れることを推奨している。また、彼らはライティング活動にレトリック的な条件として作用する「状況」と「目的」を要素とした「課題環境」（Newell & Simon, 1972）にも着目した。彼らは、この課題環境の表象の仕方の違いが、良い書き手と未熟な書き手の違いにつながることを、発声思考プロトコルから導き、ライティングの重要な要素であることを明らかにした（Hayes & Flower, 1980）。

　以上のような研究を背景に、1981 年に Flower & Hayes は発声思考プロトコル研究を用いて、図 2-1 というライティング・プロセスのモデルを提示した。

　このプロセス・モデルは、中心となる認知的情報処理を表す「ライティ

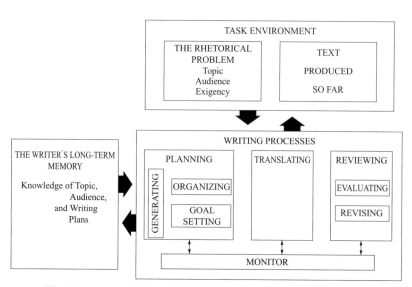

図 2-1　Flower & Hayes の認知的ライティング・プロセスの構造
（Flower & Hayes, 1981, p. 370）

ング・プロセス」（writing process）、ライティング活動に状況や目的などの条件を与える「課題環境」（task environment）、そして容量の限定された短期記憶を補う「書き手の長期記憶」（the writer's long-term memory）によって構成されている。

　Flower & Hayes の研究と同じ時期から、ライティング・プロセスの研究を行っていた Bereiter & Scardamalia（1987）は、Flower & Hayes のモデルも念頭に置きながら、彼ら自身の認知的実験研究の知見を踏まえて Flower & Hayes とは違うライティングモデルを提示した。Scaradamalia, Bereiter,& Goelman（1982）は、早くから熟達者と非熟達者を同じプロセス・モデルで考えることに懐疑的であり、Bereiter & Scardamalia のモデルではその二つを分けて提示している。図 2-2 が非熟達者のライティング・プロセス・モデルで、図 2-3 が熟達者のモデルとなる。

　Bereiter & Scardamalia は、非熟達者のモデルを知識伝達（knowledge telling）モデルと呼び、熟達者のモデルを知識変容（knowledge transforming）

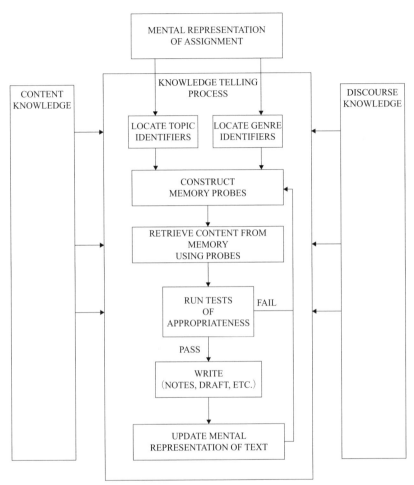

図 2-2　非熟達者のライティング・プロセス・モデル
(Bereiter & Scardamalia, 1987, p. 8)

モデルと呼んだ。この名称は二つのモデルの根本的な違いに起因している。知識伝達モデルでは、「content knowledge」からも「discourse knowledge」からも処理過程に対して働きかけが一方向的で、伝達するのみであり、ライティング・プロセスが進行しても内容や文脈に変更が起こらないというモデルとなっている。一方、知識変容モデルでは、「content knowledge」

第2章　ダイアローグ・ジャーナル・ライティング（DJW）の先行研究　17

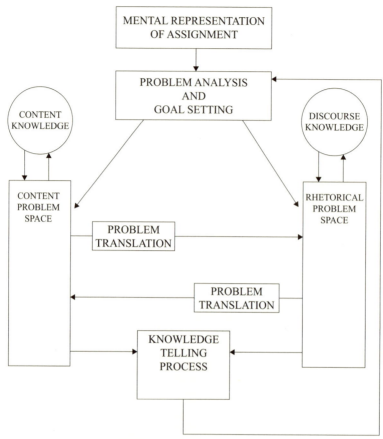

図2-3 熟達者のライティング・プロセス・モデル
(Bereiter & Scardamalia, 1987, p. 12)

には「content problem space」が、「discourse knowledge」には「rhetorical problem space」があり、knowledge と problem space が双方向的なやりとり、つまりライティング過程で変容があるということである。さらに「content problem space」と「rhetorical problem space」の間にも、双方向的なやりとりがある。これは内容の変化とレトリック的変化が相互に影響を与えていることを表している。この知識変容モデルは、以上のようにプロセス進行

と共に内容や文脈に「変更が起こる」というモデルとなっており、Bereiter & Scardamalia の多くの研究から裏付けられた特徴である。Flower & Hayes（1980）も同様のことを詳細に取り上げており、両モデルのライティングに対する認識に大きな差はないと考えられる。

　以上のように、この認知的ライティング・プロセス研究をすすめた研究者らによって、それまで作家などの回想に頼っていた、ライティング・プロセスで実際何が起こっているのかということが明らかになった。さらにそのプロセスには、熟達者と非熟達者の間には違いがあり、熟達者はプロセスが進むにつれて内容が変更されていくことも解明された。このプロセスの解明は、前述した表現主義で主張された直観と符合するもので、ライティング・プロセスで内容が変更されていくからこそ、書くことによってはじめて書きたいことが明確になるということが証明されたということである。これらの認知的解明で、ライティングでは問題解決分野からいろいろ援用できることが分かり、ヒューリスティクスを鍛える方法として、現在頻繁に使われているブレイン・ストーミングやマッピングといった手法が取り入れられることとなった。

　認知的ライティング・プロセス研究は始めに触れたように Newell & Simon の *Human Problem Solving*（1973）の影響を受けており、Flower & Hayes や Bereiter & Scardamalia は、ライティングが問題解決研究によい題材となると考えている（Bereiter & Scaradamalia, 1993）。以上のような背景から、認知的ライティング・プロセス研究は、問題解決の問題として考えられる傾向が強く、従来ライティング指導の中心にあった「どういうジャンルの文章を書くか」や「より説得力のある文と文のつながりは」といった、実際の文章の書き方を研究対象としない傾向となった。こうした研究スタイルに対して Torrance & Galbraith（1999）は、ライティングを「問題解決」として見ていることを批判し、他の方向性からのプロセス研究を提案している。しかし、批判するにしても、Torrance & Galbraith（1999）も、Flower & Hayes のライティング・プロセス・モデルを基礎にしており、その後のライティング・プロセス研究は Flower & Hayes のライティング・

プロセス・モデルの検証であったり、修正であったりとなっていることから、彼女らの認知モデルは、批判的にでも継承されているということが言えるであろう（Murphy & Roca de Larios, 2010; Roca de Larios, Manchon, Murphy, & Marin, 2008）。

　以上プロセス・アプローチの理論的背景となる「表現主義」と「認知的ライティング・プロセス研究」を概観してきた。はじめに取り上げたSusser のプロセス・アプローチの定義もこういった背景を洗練させたものであるということができる。しかしながら Susser の指摘したプロセスに対する「気づき」で取り上げられていた「書くことで考える」という事態は、表現主義でも認知的プロセス研究でも取り上げられているが、教員による学習者ライティング・プロセスへの「介入」は、ほとんど研究されていない。プロセス・アプローチがレトリック重視のライティング指導で行き詰まっている教育現場で有効であると感じられたが、それが思うように実践されなかった原因はこの点にあった。そしてこの教員の「介入」を、効果的にライティング活動に取り入れることができる手法として、DJWがその後取り上げられるようになってきた。

2.2　DJW の概要

　以上、L2 ライティングの歴史と、1980 年代以降 L2 ライティングの中でも主流となった、プロセス・アプローチの理論的背景を中心に概観した。当時、このプロセス・アプローチが注目され、伝統的なレトリック重視の作文教育から、プロセス・アプローチへ転換を図りたいと考える教員はたくさんいたが、具体的な実践方法が少なく、彼らはプロセスの重要性は認識していても、従来型の作文指導を続けていた。教室でプロセス・アプローチを実践するよい方法を探している中、Staton らがロサンジェルスで出会ったライティング実践がDJW であり、そこから DJW 研究が本格的に開始された（Staton et al., 1988）。このように、DJW とプロセス・アプローチは密接な関係となっている。本章では、このような背景を含めて、DJW 活動がどのように研究されはじめ、現在どのようなことが明らかとなって

いるかまとめていきたい。

2.2.1 DJW 研究のはじまり

　DJW とは「ジャーナル」（日記帳）を、学習者と教員が交換することによって行うジャーナルライティング活動の一つである（Lee, 2004; Weissberg, 2006）。ジャーナルライティング活動には、クラス・ジャーナル、アカデミック・ジャーナル、プロジェクト・ジャーナル、シークレット・ジャーナルなど様々な形態があり（Duppenthaler, 2004）、DJW もその一つである。そして DJW 自体も、交換相手（教員、同じ教室の学習者など）、頻度（毎日、毎週、一学期など）、活動場所（授業内、授業外）などによっていろいろなパターンが可能となっている（表 2-1、2-2）。

　DJW は、そもそも母語環境において、書き言葉によるコミュニケーション手段の一つとして実践され、教育活動の中ではかなり古くから利用されていた形式であると推測されている（Staton et al., 1988）。この対話形式のジャーナル交換を、研究対象として取り上げ、ジャーナル交換で書かれた膨大なテキストを、質的研究によってそのコミュニケーション的特徴を分析したのが Staton et al. (1988) の *Dialogue Journal Communication* である。この研究は上述したように、プロセス・アプローチを教室内で実践する活動を探していた Staton が、ロサンジェルスの小学校で、15年間にわたって受け持ちクラスの生徒と毎日ジャーナル交換を行っていた Leslee Reed の DJW を知るところから始まった。この活動がライティングの完成品を目指すよりも、生徒が考えていることを、形式にとらわれず文字にしていくことを重視し、プロセス・アプローチ、特に表現主義の主張が生かされたライティング活動であると感じたため、Staton は社会言語学者の Roger Shuy の協力を得て、Reed が所持する 4,400 ページの DJW の記録を分析した。その分析の結果、ジャーナルを通したやりとりに内包されたコミュニケーション・スタイルが学習者の言語学習を教員がサポートする働きがあるということと、それがプロセス重視のライティング指導に適しているという研究結果を報告した。

この研究で取り上げられている Reed の小学校での実践は以下のように行われていた。

> 「毎日、生徒は学校にいる間、書く時間がある時や書きたいことがある時、自分のジャーナルに書き込みをする。生徒は質問をしたり、不平を言ったり、運動場で起こったことを書いたり、先生と言い合いになったことなどを書き込んでいる。毎晩、リードはジャーナルを家へ持ち帰り、それぞれの生徒に対して、共感とよく考えられた質問（「何がその問題を解決するのに役立つと思いますか？」）を交えながら、質問に答えたり、彼女の立場から「起こったこと」を説明したり、彼女自身の意見を言ったりすることで、一人一人に返答を書いていくのである。翌朝、彼女はジャーナルをそれぞれの生徒の棚に入れておく。……授業がはじまる前のとても忙しい時間帯に生徒は、自分の棚からジャーナルを取り出し、リードの返答を読み始める。生徒は、先生の答えに対する自らの質問、あるいは先生の説明に対する自らの不平を確認するため、昨日の自分の書き込みをもう一度読み直したりもする。学校の1日がはじまる前から、生徒はジャーナルにさらに書き込みをはじめる。」(Staton et al., 1988, p. 3; 著者訳)

この Reed の実践は、母語（英語）で毎日行われるライティング活動であり、ライティング教育を意図して行っているわけではないが、その後の外国語ライティング教育における DJW 研究は、この Staton et al. における Reed の実践を基礎においている（Casanave, 1994）。

2.2.2 DJW の特色

以上 DJW がどのように認知され、また研究され始めたかを概観した。次節において第二言語・外国語学習に絞って DJW 研究を詳細に見ていくが、その前に Staton et al.（1988）の *Dialogue Journal Communication* の研究を中心に DJW 活動が一般的に持つと考えられている特色をあらかじめ押

さえておきたいと思う。

　第一の特色は、他のライティング活動にない「対話」がもたらす特色である。Sato（2001）が指摘しているように、「対話」は歴史的に古い概念であるが、Martin Buber（1936）によって哲学的に概念づけられた概念である。Buberによれば、対話の参加者は常に人間として尊重され、相手に情報だけを伝える一方向的な関係である「独話」と違い、参加者の相互性に依拠した人間関係を表していると考えられている（Buber, 1936）。

　Staton & Kreeft Peyton（1988）は *Dialogue Journal Communication* の研究でDJWにおける「対話」を、Buberと同等の意味で取り上げ、単なる発話の連続的な流れを指すものではなく、理解や反応によって形成された発話や行動を生み出すマトリックスのようなものであることを指摘し、このことがDJW活動を継続させる動機づけになっていると報告している。

　DJWの第二の特色は、次章で改めて取り上げる特色であるが、教員が学習者と継続してライティングを通じて係わることから、このDJWが「交流的足場かけ（interactional scaffolding）」となっていることである。「交流的足場かけ」はWood, Bruner,& Ross（1976）の研究で提出された考えであり、子どもの問題解決に大人が支援する様々な役割（「動員」「自由度の削減」「方向性の維持」「感情の調整」など）を総称している概念である。教員が継続して学習者とライティング活動を行うDJWの研究では、Staton（1988）をはじめ多くの研究で言及されているDJWの大きな特色の一つとなっている（Nassaji & Cumming, 2000; Weissberg, 2006）。

　第三の特色は、「失敗の場所作り」である。Shuy（1988）はL1あるいはL2どちらにしても、学校教育のライティング指導の中に「失敗する場所」が少ないことを指摘している。彼によると、話し言葉は数限りない失敗をくり返しながら「私的な話し言葉」を身に付け、その後社会的形式を学んでいくのに比べて、書き言葉ははじめから文法や文体を訂正される傾向が強く、「私的な書き言葉」を身に付ける機会がないまま、形式を教え込まれてしまう。そのため初心者は失敗を恐れて、ライティングに取りかかりにくい学習者もいる。Shuyは、このような書き言葉の失敗する場所が少

ないことを指摘し、DJW が対話形式で、失敗を恐れず書き込みができる場所を提供できることを評価している。実際 Blanton（1987）は ESL で DJW を実践し、英語が苦手な学習者も失敗を気にせずに活動に取り組め、ライティングの fluency が伸びたことを報告している。また Weissberg（2006）も、DJW が、ESL 学習者にとって使ったことのない単語や表現の失敗を気にせず「実験ができる場所」ととらえ、実験できるからこそ新しい単語や表現を身に付けることができる活動になっていることを報告している。

以上大きく 3 点を DJW の特色として取り上げた。これらは、Susser が指摘したライティング・プロセスへの気づきと、教員によるプロセスへの介入が取り込まれているライティング活動を具体化したもので、DJW がプロセス・アプローチを体現した活動ということができる。また Staton et al.（1988）の *Dialogue Journal Communication* の研究は、L1 の DJW を対象としたものだが、その後の DJW 研究の基礎となっている研究であるため、これらの特色は、これ以降の DJW 研究でもくり返し指摘されている特色でもある。ここまで DJW を L2 に焦点を当てずに考察してきた。次節では L2 環境における DJW 研究に焦点を当てる。

2.3　DJW 研究

前節までで、母語環境における DJW 研究の始まり、そしてその一般的な特色を概観してきた。DJW は、言語教育の一環として始まったが、「対話」はどの教育現場にも共通することから、様々な教育活動に利用され、例えば聴覚障害児教育（Kluwin & Blumenthal, 1991）、教師教育（Lee, 2004）などでもこの DJW が実践されている。本研究は外国語環境のライティング活動を扱うため、L2 ライティングにおける DJW 研究に焦点を絞り、現在までの研究の特色を明確にして、問題点や欠けている点を明らかにしたい。

2.3.1 海外における DJW 研究

 以下概観するように、この DJW 研究は、海外では北米における ESL 授業での研究が多く、北米以外では日本での研究が多い（Duppenthaler, 2002a）。そこで本章では、はじめに北米における ESL 学習者の研究、その後で日本での研究を分けて取り上げることとする。

 北米における ESL 学習者を対象とした DJW 研究をまとめたのが表 2-1 である。Kreeft（1984）の研究では、当時 SLA 研究の中で盛んに行われていた「会話」を対象とした「形態素獲得」の研究を背景に、出身国が異なる 5 名の小学生の 3 期（10 ヶ月）にわたる教員との DJW のやりとりで、どのように形態素獲得が行われるかが研究されている。この研究では、対象児童たちと教員との 10 ヶ月間のやりとりで、動詞関連では -ing 形と be 動詞のより正確な使用ができるようになり、名詞関連では不定冠詞の a と所有形の -'s の使用が正確になったことが報告されている。この研究の特徴は、DJW がライティングではあるものの、その双方向的コミュニケーションが「会話」に類似し、当時の会話分析によって明らかになってきた第二言語における形態素獲得との比較に強調点がおかれているところである。Kreeft の研究によって、DJW における形態素獲得は、第二言語習得の研究と相似していることが分かったが、より多様性があることが結論として述べられている。DJW 研究において、形態素獲得を対象としたものはこの研究以外になく、貴重な研究となっている。

 Moulton & Holmes（1994）と Talburt（1995）は、両方とも ESL の留学生・難民との DJW 実践を対象としている。両研究とも、様々な不安要因を抱える留学生・難民が、ESL 授業の中でレトリック重視のライティングでは本当に感じていることを表現できないことから、DJW を使ってどれだけ実際に感じていることや表現したいことが書かれているかを、1 期（15 週）という期間、DJW を課外で行い、その書き込みを質的に分析している。どちらの研究においても、レトリック重視のライティング活動よりも、この DJW 活動の方が、留学生・難民が本当に書きたいことを書き込んでいることが報告されている。DJW が、実際学習者の感じていることや考え

ていることを表現する場になっていることは、Staton et al.（1988）でも指摘されており、DJW が自由に感情や考えを表現できるライティング活動であり、プロセス・アプローチの主張も生かされている活動であることが報告されている研究である。

　Mahn（1997）も、ESL クラスにおける長期の DJW を実施することにより、上記二研究と同じように留学生による DJW の書き込みの質的分析によって研究している。Mahn の研究は、DJW の書き込みを主に Vygotsky の発達心理学による概念、特に「最近接発達の領域（Zone of Proximal Development）」（以下 ZPD）で読み解き、様々な要因を指摘している。その中にあって、本研究で焦点を当てている DJW とライティング教育に焦点を絞ると、DJW が学習者の発達面にはたらきかける点が大きいという指摘、特に Vygotsky の概念形成の理論から言葉の概念が教員と学習者のやりとりの中で発達している点が指摘されている。

　Weissberg（1998）も、ESL クラスにおける 4 ヶ月間の DJW を対象とした研究であるが、上述の学習者の書き込みを分析する研究とは違い、他のライティング活動と比較している点が、特色となっている。DJW と授業内のエッセイ・ライティング、そして授業の中で行われる会話練習という三つの活動の中で産出されたプロダクトを対象に、誤りのない T-unit を調べることで、どの活動がもっとも学習者の英語力向上に役立ったかを量的に分析している。また同時に面接や質問紙を使って学習者の英語学習背景なども調査している。この研究で Weissberg は、他の二つの活動に比べて、DJW では文法的正確さに向上があったことを報告している。このような T-unit を文法的正確さの指標として量的に調査した点と同時に質問紙を用いて学習者の背景を調査している点で、この研究はライティング教育研究として包括的な調査となっているが、対象人数が 5 名と少なく、また T-unit の分析も、統計的に処理しているものではないため、著者の主観的な判断にとどまっていることに問題が残る。

　Nassaji & Cumming（2000）は、一人のイラン人男児と教師との 10 ヶ月（95 回の交換）にわたる DJW の書き込みを対象とした分析である。この分

析で Nassaji & Cumming も、DJW という双方向のライティング活動において Vygotsky の ZPD が具体的に観察できるのではないかという仮説のもと、分析を行っている。分析方法として、男児と教師の書き込みをすべて T-unit 単位（全 703T-unit）にして、それを Weissberg のように数量化するのではなく、先行研究に従って 11 カテゴリー（「個人的事実を報告する」、「意見を表明する」、「指示する」など）に分類し、その分布や内容などを対象とした質的分析を行っている。この分析によって、男児の書き込みには「報告」が多い一方、教師の書き込みには「依頼・要求」が多いことが分かった。また男児の書き込みが多くなると、教師の書き込みが少なくなり、反対に男児の書き込みが少なくなると、教師の書き込みが多くなるという量の変動が認められた。このように、男児と教師の書き込みは、その役割も量も非対称的であるが、Nassaji & Cumming は、その非対称性が、足場掛けを提供すると考察し、その結果 ZPD が形成されていると報告されている。

　以上、海外で行われた ESL を対象とした主な先行研究を概観した。特徴として、DJW をライティング活動として実施しているものの、ライティング力を伸ばす活動としてではなく、コミュニケーション手段として利用され、その有効性が検証されている点である。これらの研究の結果、DJW は様々な感情、考え、意見などを既存のライティング活動よりも表明しやすいコミュニケーション手段であることが分かった。また伝統的な自由英作文などの活動とは違い、学習者と教員の双方向のコミュニケーションであるところから、教員が学習者の書き込みの内容や量に合わせて調節でき、他のライティング活動よりも足場をかける役割を果たせ、発達をサポートする機能を持っていることも分かった。これらはプロセス・アプローチ、特に表現主義で主張された「書きながら考える」ライティング・プロセスを支援する活動であり、DJW がプロセス・アプローチの中に位置づけられていることの理由となっている。以上のような成果がある一方、DJW がコミュニケーションの手段と見なされることから「ライティング」活動として分析した研究が少なく、他のライティング活動との比較もほと

表 2-1 北米における ESL 学習者を対象とした DJW 研究一覧

著者	発表年	対象学習者	期間	回数	形式・頻度	平均語数	研究スタイル	研究結果
Kreeft, J.	1984	アメリカ、ロサンジェルスの小学校のESLクラスの5名（ミャンマー；85ヶ月、イタリア；5ヶ月、韓国；0ヶ月/6ヶ月/3ヶ月）	10ヶ月	87-164	授業内/学校内	-	[量的・質的分析]・DJWにおける形態素（動詞関連形態素と名詞関連形態素）を一年間のジャーナル交換から三つの時期（はじめ、中間、最後）を取り出し、どのように形態素使用が変化したかを調査	・動詞関連形態素では be 動詞と -ing 形（過去形の不規則変化、三人称単数の -s など）に比べて習得が促された。・名詞関連形態素では不定冠詞の a の使用と所有の -s の習得は促された。動詞関連形態素に比べては全員が各同関連形態素項目が各同関連形態素に比べては一致して向上したという、個人差が大きいことが分かった。・DJWがスキャフォールディングと同様の役割を果たすことが強調されている。
Moulton, M. & Holmes, V.	1994	アメリカの大学留学生 21名	15週間	15回	授業外・週一回	-	[質的分析]・異文化適応に関する書き込みを分析	・留学生の異文化適応に効果がある。
Talburt, S.	1995	25才女性（旧ソ連からの難民）	15週間	15回	授業外・週一回	-	[質的分析]・DJWでどのようなコミュニケーション空間が形成されるかを分析	・ケーススタディでこまかくやりとりを追うことでDJWがコミュニケーション空間として機能していることが分かった。
Mahn, H.	1997	アメリカ州立大学 ESLクラス16名（12カ国、19-37才）	2年半	-	授業内・15分間	-	[質的分析]・学習者の書き込みをいろいろな視点で分析する（「自信」「練習」「経験」「理解されない恐怖」など）	・一般的なライティングの授業では表現できない感情的な内容を自由に表現できる。
Weissberg, R.	1998	アメリカの州立大学の集中英語プログラム（初中級）5名（スペイン人 19才-34才）	4ヶ月	-	-	-	[量的・質的分析]・3 水準（誤りジャーナルライティング、授業内ライティング、日常会話）・誤りのないT-unitの割合・インタビュー、質問紙	・授業内ライティングと日常会話と比較してDJWは新しい英語表現を試すことができ、文法的な正確さが向上した。
Nassaji, H., & Cumming, A.	2000	6才男児（イラン人）	10ヶ月	95回	授業内・数日に一回	-	[質的分析]・T-unitを割り出し（703個；学習者566個、教員137個）	・T-unitをそれぞれ機能別に分け、その割合を分析の対象とした。その結果、非対称的にお互いがやりとりすることで会話を継続しようとしているコミュニケーションスタイルがわかった。

28

んど行われていない。

　DJW をサポートする理論について、Mahn（1997）や Nassaji & Cumming（2000）は、両方とも Vygotsky 発達心理学の概念、特に ZPD が DJW のやりとりに現れていることを指摘している。Vygotsky（1987）は、概念形成や言語獲得という知的発達に、他者との社会的交流が必要であると考え、ZPD や概念形成の発達モデルなどを学問的に研究し、提示している。DJW 研究のような、相互作用における言語的発達を分析する場合、この Vygotsky の考えは有効な理論的裏付けとなる研究であろう。この点については次章で詳しく述べる。

　以上のように北米における DJW 研究では、DJW がコミュニケーションツールとして有効であり、学習者が積極的に書き込もうとする意欲を引き出すことが出来る活動であるということが証明されてきた。

2.3.2　日本における DJW 研究

　次に日本人学習者を対象とした先行研究をまとめる（表2-2）。

　Casanave（1994）は、大学生 16 名を対象として、1 年半という長期間にわたって DJW 活動を行い、外国語学習者のライティング能力の変化を分析している。ライティング能力としての指標は、「流ちょうさ」の T-unit の長さ、「文法的複雑さ」の T-unit の複雑性（節数÷T-unit 数）、「正確さ」の誤りのない T-unit の割合を用い分析を行っている。前述した北米 ESL 学習者を対象とした DJW 研究と違い、Casanave は、DJW を実践することは英語ライティング能力を向上させる実践と考えており、この研究はライティング能力が、どのように変化するかを研究することが目的とされている。分析の結果、対象とした学生の 3 分の 2 の書き込みは、いずれの指標においても向上したことが分かった。さらに流ちょうさを表す T-unit の長さが長くなればなるほど、文法的な正確さである誤りのない T-unit の割合が低くなるという傾向があることも報告されている。これは、英文に書くことに慣れ、流ちょうさを獲得するにつれて、文法的に間違うことを気にしなくなる分、間違いが多くなるのではないかと分析されている。こうし

た分析をしているものの、Casanaveは、このDJW分析において、ライティングの傾向性を一般化することは難しく、一般性よりも、その多様性が明らかになった、と結論で述べている。このCasanaveの研究は、ライティング力に焦点を絞り、その後のL2ライティング活動としてのDJW研究の出発点となった研究であった。外国語ライティング研究として参考となる研究であるものの、T-unitの分析を統計的には扱っておらず、その結論が主観的な判断で行われていることと、前節で取り上げたWeissberg（1998）での文法的正確さが向上するという結果と反対の結果が出ている点に留意する必要がある。

　木村（1994）の研究では、公立高校国際教養科の高校生15名を対象としたDJW実践を、生徒の書き込みと質問紙の結果を用いて、分析が行われている。木村は、コミュニケーションを目指すライティング指導という観点から、DJWを高校現場で実践し、どの程度ライティングを通してコミュニケーションが行われているかを分析している。その結果、生徒の書き込みには教員とのやりとりを続けようとする書き込みが見られたこと、また質問紙回答でもライティングを通してコミュニケーションをしていると感じている生徒の回答が多いことから、DJWがライティング活動を通してコミュニケーションが促進されていると報告されている。一方、生徒の書き込みの分析から、コミュニケーションの大事な側面である「読者への意識」がまだまだ希薄であることも指摘されている。木村が報告するように、DJWがコミュニケーション手段として機能することは北米のESL教室での研究でも確認されていたことであるが、日本人学習者という外国語環境においてもDJWがコミュニケーション手段として有効であることが、この研究からわかる。

　佐藤（2002）では、DJWを工業高校の生徒80人を対象として4ヶ月間にわたって行った実践を対象に、語数の変化とプリ・ポストテストの英語力比較でDJWの効果を分析している。その分析結果から、語数はCasanaveの研究同様、徐々に増加したことがわかったが、プリ・ポスト比較の英語力については統計的分析の結果、有意な変化は見られなかった。

この研究では英語の習熟度が低い学習者を対象とした点に特色があり、英語習熟度が低くても DJW が継続的に使用でき、語数の増加を図ることが出来ることがわかった。

　Duppenthaler（2002b）は、女子高校生 99 人を対象として 1 年間 DJW を含めた三つの異なったフィードバック（「内容に関するフィードバック」、「ほめ言葉によるフィードバック」、「誤謬訂正のフィードバック」）のライティング活動を行い、質問紙を用いて学習者の動機づけを分析した。DJW のアプローチは「内容に関するフィードバック」とし、このアプローチを他の「ほめ言葉によるフィードバック」と「誤謬訂正のフィードバック」とのアプローチと比較している。多変量分散分析による質問紙の比較分析の結果、唯一「毎週ジャーナルが帰ってくるのが楽しみであった」という質問項目において、有意差が認められ、「ほめ言葉によるフィードバック」グループが低い結果となっていた。つまり、「ほめ言葉によるフィードバック」が楽しみではないということが認められたということになる。この研究では、DJW と他のライティング活動を質問紙で動機づけの面から比較分析した研究としては初めてであり、DJW 研究において動機づけを調査する可能性を提示している。

　Duppenthaler（2004）では、Duppenthaler（2002b）の研究の学習者によって書かれたライティング・プロダクトを対象に分析を行っている。Duppenthaler（2002b）同様、「内容に関するフィードバック」、「ほめ言葉によるフィードバック」、「誤謬訂正のフィードバック」の三つの異なったアプローチで、生徒が書いたプロダクトが対象となり、それぞれのプロダクトの語数、誤りのない節数、Flech-Kincaid 指数を対象に多変量分散分析を行っている。その分析結果から、DJW の語数は、他の二つのアプローチに比べて有意に高いことが認められた。また誤りのない節数に関しては、DJW と誤謬訂正中心のアプローチとの間に有意差は見られなかったが、ほめ言葉中心のアプローチに有意差が認められ、高いことが明らかになった。この研究で DJW のライティング・プロダクトに関して Casanave（1994）、佐藤（2002）の研究で指摘されたように、DJW では語数が増加す

表 2-2 日本人学習者を対象とした DJW 研究一覧

著者	発表年	対象学習者	期間	回数	形式・頻度	平均語数	研究スタイル	研究結果
Casanave, C.	1994	大学生 16 名 (TOEFL 420-470)	3 半期	約 40 回	授業内 (1, 2 期毎週、3 期 2 週間に 1 回)	250-500 語	【量的・質的分析】・T-unit の長さ、T-unit 複雑性 (節数÷T-unit)、誤りのない T-unit の割合	・3 分の 2 の書き込みは T-unit の長さや複雑さ、正確さが向上したことが分かった。一方、3 分の 1 は低下したり文法的正確さが低下することもあるという状態であった。・横断的研究は縦断的研究に当てはまるとは限らないということが分かった。・もっとも大きな成果は学習者の多様さをあらためて確認できたことである。
木村友保	1994	高校生 (国際教養科 高校 1 年生 15 名)	5 ヶ月	最大 91 回 最小 1 回	授業外・随時	60 語	【質的分析】生徒の書き込みをコミュニケーションに着目して分析、質問紙を用いてライティングの感想を聞く	・英語でコミュニケーションをしているという実感を生徒は持っているということが分かったが、必ずしも読者を意識した書き方になっているとは限らなかった。
佐藤雄大	2002	高校生 (工業高校 1 年生 80 名)	4 ヶ月	15 回	授業内 (15 分間)・週一回	14 語	【量的分析】語数変化・プリテスト・ポストテスト比較 質問紙比較	・語数は増加したが、テストによる英語力に有意な変化は見られない。
Duppenthaler, P.	2002b	高校生 (女子校 2 年生 99 名)	1 年	22 回	授業外・週一回	40 語〜50 語	・3 水準 (意味中心、「励まし中心」、「修正中心」) 中心、ポストと質問紙で活動の印象を比較し、3 水準で比較	・「毎週ジャーナルが返ってくるのが楽しみであった」という項目において、励まし中心のアプローチが低かった。他の項目では 3 水準で有意差は見られなかった。
Duppenthaler, P.	2004	高校生 (女子校 2 年生 99 名)	1 年	22 回	授業外・週一回	40 語〜50 語	・3 水準 (意味中心、「励まし中心」、「修正中心」) 要因：節数、誤りのない節数、Flech-Kincaid 指数	・語数に関して「意味中心」、「励まし中心」が他二つのアプローチより有意に多かった。・節数、誤りのない節数に関して、「意味中心」は「励まし中心」より有意に高かったが、「修正中心」とは有意差はなかった。
Sato, T.	2007	大学生	3 ヶ月	9 回	授業内 (15 分間)・週一回	100 語	ビデオテープ撮影による活動時間調査	・DJW と FW を行っていたそれぞれ 3 名の学生のその他の活動をビデオテープに撮影し、それぞれの時間の長さを比較した。・DJW が FW より「その他の活動」(考える、辞書を引く) の時間が有意に長かった。
Yoshihara, R.	2008	大学生 (商学部 19 名)	1 年	随時	授業外・e-mail で担当教員に送る	50 語	語数変化・質問紙分析	・前後の質問紙の平均語数を比較したところ有意差はなかった。・事後の質問紙で活動の感想を調査したところ良好な反応があった。

ることが確認され、他のアプローチと統計的に比較しても増加していることが分かった。

　Sato（2007）は、大学生を対象としてDJWとFWを実施した学生から、それぞれ3名ずつ協力を依頼して、学習者が書く活動をビデオテープ撮影し、その後そのビデオを確認しながら実際に「書く活動」と「その他の活動」の長さを比較する研究を行った。「書く活動」は、筆記具で文字を書き込んでいる時間で、「その他の活動」は「考える」、「辞書を引く」そしてDJWだけだが「レスポンスを読む」というカテゴリーで集約し、それをカイ二乗分析で比較するとFWでは有意差が無かったが、DJWでは書く時間よりその他の活動の時間が長いという結果が報告された。

　Yoshihara（2008）は、大学生19名を対象にして、一年間E-mailを利用し、授業外の活動としてDJWを行った活動を対象とした研究である。分析は、学生のライティング・プロダクトの語数の変化と、活動終了後に質問紙調査で行ったDJWに対する印象調査の結果を用いて行われている。語数変化については、大学授業の前期の平均語数と後期の平均語数の比較をt検定を用いて行ったが有意な差は見られなかった。また、質問紙の回答の分析では、活動に対して良好な反応が得られた。この研究では他の研究とは違い、プロダクトの語数の増加が認められなかったが、他の研究と比較対象が異なり、単純に比較できない点には留意しなければならない。しかしながら、これまでの研究では対象にしなかったE-mailを利用したDJW実践や大学生を対象に授業外で実施することを対象とした研究であることは、この研究の特色となっている。

　以上のように、日本人学習者を対象としたDJW研究のほとんどは、DJWによってライティング力がどのように変化したかが対象となり、ライティング・プロダクトを何らかの指標を用いて分析している。特に先行研究によって、DJWで語数が伸びることが特徴であることが分かった。またDJWに関して質問紙を用いた分析もいくつか行われている。それらの質問紙分析から現在のところDJWに対して学習者が好意的な反応やライティングの有能感を与えていることが分かっている。

2.4　先行研究における問題点

　以上、北米における ESL 現場での DJW 研究と、日本人学習者を対象とした DJW 研究の代表的な文献を概観してきた。ESL 環境では、主にコミュニケーションツールとして DJW が採用され、学習者が様々な感情や価値観などを表現できるライティング活動として役割を果たしていることが実証されている。一方、日本人学習者を対象とした研究では、DJW を外国語ライティング学習として捉え、この活動でライティング力がどのように変化するかが分析の対象とされてきている。そして、その分析でいくつかの指標が対象となっているが、特に語数が伸びることが確認されていた。このように現在までの DJW の先行研究で確認された点がいくつかある一方、まだまだ深まっていない点もある。本節では先行研究で不十分であると考えられる点をまとめる。

2.4.1　ライティング・プロセスへの介入

　現在までの DJW 研究を概観すると、プロセス・アプローチの特徴として Susser が言及した、ライティングのプロセスへの気づき、つまり学習者がライティング・プロセスで考えたり、感じたりすることは、DJW のコミュニケーション的研究の中で取り上げられ、研究対象となっている。

　しかしながら、Susser が指摘していたもう一つの「教員がライティング・プロセスに介入する」ということが、どういうことかということは、研究で扱われてきていない。DJW では、ジャーナルを学習者と教員がやりとりをしているわけだが、そのやりとりにおいて教員が、どのように学習者のライティング・プロセスに介入しているかが、分析されていないことから、DJW で、ただ交換しているだけで終わる活動もある。DJW が、実践としてどのように学習者のライティングを向上させるかを考えるには、まずどのように教員が介入するか、という点が重要になってくる。本研究で対象とする DJW のライティング・プロダクトの分析も、どのような介入によって引き起こされるか、といことが明確になっていないと、その結果について予測することができない。このことについては次章で詳しく考察

する。

2.4.2　ライティング・プロダクトの言語指標

　DJWのライティング・プロダクト分析で対象とされていた言語指標は、「語数」(Casanave, 1994; Duppenthaler, 2004; 佐藤 2002; Yoshihara, 2008)、T-unit複雑性 (Casanave, 1994)、誤りのない T-unit 割合 (Casanave, 1994; Weissberg, 1998)、誤りのない節数 (Duppenthaler, 2004)、Flech-Kincaid 指数 (Duppenthaler, 2004) であった。しかし、ライティング・プロダクトの言語指標は他にたくさんあり、上記の指標だけで十分とは言えない。Wolf-Quintero et al. (1998) の研究を参考にすると「節の長さ (Clause length)」や「異なり語の割合 (Type-Token ratio)」なども分析対象とする必要がある。

2.4.3　テキストレベルの分析

　ライティング研究分野では、先の言語指標で対象となっている単語、節、文レベルの分析も重要であるが、文と文の繋がりで構成されるテキストレベルの分析も重要な要素となっている(Grabe & Kaplan, 1996)。DJW 研究は、先行研究で確認したように、DJW が書き手（学習者）と対話者（教員）とのコミュニケーションの役割を果たすことから、内容に関する分析が行われているが、そのプロダクトが、対話者以外の読者にとってどれほど内容を伝えることができるようなテキストであるのか、という分析が行われてきていない。このように今までの DJW 研究では、学習者と教員という閉じたコミュニケーション空間でのみの有効性が分析されてきたと言えるが、この DJW で書かれた文章は、対話者以外にどれほどテキストとしての妥当性を持っているかを分析する必要がある。

2.4.4　動機づけ分析について

　北米における研究では、質的に学習者の書き込みが検討され、DJW がコミュニケーション手段として有効な働きを持っていることが、報告されていることから、DJW が学習者のライティング活動の動機づけに、間接

的にではあるが良い影響を与えていることが推測できる。また、日本人の学習者を対象としたYoshihara (2008) の質問紙調査では、活動後の質問紙調査で「私の英語ライティング能力は伸びたと思う」、「英語ライティングで考えを明確に表すことに自信がある」や「ライティングによって物事を批判的に見ることが出来るようになる」など、学習者の評価が高いことが報告されている。

　このようにDJWが、学習者の動機づけに良い影響を与えていることを分析対象とする研究が行われてきているが、方法や分析手法が十分とは言えない。Yoshiharaの調査も、DJWが授業外で任意に行われていたこと、また事後調査のみであるため、この調査紙の結果が、DJW活動の結果であるということを保証できない。Yoshiharaの研究と違い、Duppenthaler (2002b) では、事前と事後の質問紙調査を行い、事前調査ではすべての質問項目で有意差がなかったが、事後調査では「毎週ジャーナルが戻ってくることを楽しみにしている」という項目に有意差が認められた、という報告であった。このように、事前調査と事後調査を設定して、他のライティング活動と統計的に比較するという方法によって、はじめてDJWが学習者の動機づけについてどのような影響を持っているかが分かる。Duppenthalerの研究では、DJWのそういった動機づけ研究が行われたものの、彼の質問紙の分析の仕方は10の質問項目をそれぞれ独立に見て、比較を行っているだけであり、その結果、学習者にどのような影響を与えているかという要因に関して分析が深められていない。動機づけ研究では、質問事項をグループ化し、比較検討をすることによって学習法が学習者にどういった面で影響を与えているかというところまで分析することが多い。以上のことからDJWにおける動機づけ研究もさらに深められる必要がある。

2.4.5　対象者数

　ESL教室でのDJW研究は、その書き込まれた内容を質的に分析をするために、研究手法上、対象者数を多くすることが難しい。質的な分析は、書き込まれた内容を分析し、コミュニケーション分析には向いているもの

の、その分析がどれだけ一般化できるかは判断が難しい。例えば Weissberg（1998）の研究で、誤りのない T-unit の増加を正確さの向上と見なしていたが、対象学生は 5 名であり、統計的分析でもないため、一般化することは出来ないと考えられる。一方、日本人学習者を対象とした DJW 研究は北米での研究とは違い、ライティング・プロダクト研究として 1 グループが 30 名～ 40 名ほどの学習者を対象として、プロダクトの言語指標を用いた研究が行われている。特に Duppenthaler（2004）においては、高校生で構成された 1 グループ 30 人ほどの学習者が書いたプロダクトを、複数の言語指標を統計的に分析していることから、その結果は一般化することが可能であると考えられる。こうした分析を補っていく上でも、対象者数をある程度確保した研究が必要であると考える。

2.4.6 分析手法

先行研究で指摘してきたが、ライティング・プロダクト分析で言語指標の比較分析方法が実数であったり、割合の前半と後半を比較して「あがった」、「変化がない」、「さがった」という判断が行われている研究が多い。しかし、これらは統計的に分析しなければ、上がっていても、下がっていても、一般化することはできず、研究者の直感に委ねらた結果となっている。このように、DJW 研究において統計的なライティング・プロダクト分析の研究が積み重なってきていないことが問題であった。Duppenthaler（2004）のみ、多変量分散分析を用いるなど慎重に研究が行われているだけなので、本研究でも統計的な処理を行い、DJW 研究の統計的な研究の積み重ねに貢献したい。

また Duppenthaler（2002b, 2004）を除いて、すべて DJW のみを対象とし、対照活動の無い研究であった。DJW の活動を詳細に見ることで、その特色を研究できることはできるが、比較無しには、その特色がどれだけ DJW 特有のものかを確認することはできない。そのためにも、あらかじめ比較することを前提に、色々な条件を同等なものにした対照活動を準備した実験計画のもと、ジャーナルのやりとりが持つ効果を検証できる研究

手法が求められる。

2.5　第2章のまとめ

　本章では、前半でDJWの背景となるプロセス・アプローチをまとめ、後半ではDJWの先行研究を、L2ライティングという視点からまとめた。プロセス・アプローチは、レトリック形式を重視した指導法が有効に機能しにくくなった状況を受けて、L1ライティング分野から生まれたものだが、現在のL2でも主流の指導法で、ライティング・プロセスにおける思考への気づきと教員の介入が中心となるアプローチであった。

　プロセス・アプローチを体現する指導法としてDJWは注目されるようになり、北米のESL教室におけるDJW研究では、学習者と教員とのコミュニケーション分析に焦点が置かれ、多くの研究が積み重ねられていた。また、日本におけるDJW研究は、外国語ライティングの指導法として研究が行われ、DJWを通してライティング力がどのように変化するかが分析されていた。同様に、DJWがどのように学習者のライティング学習に影響を与えるかも研究が始められていた。

　以上のようにDJWは、1980年代以降一つの教育的活動として様々な形で実践され、母語教育と並ぶ形でL2ライティング教育として利用され、研究がされてきたが、まだまだ研究として不十分な点もあった。それは、教員による介入とはいったいどういうことを指しているのか、またライティング・プロダクト分析では、先行研究で語数、T-unit複雑性、誤りのない節数などが対象とされていたが、より詳しく節の長さ、異なり語割合なども対象とするべきであること、そしてプロダクト分析として単語、節を対象とした分析だけではなく、テキストレベルで他のライティング活動と比較できる分析が行われる必要があることなどである。動機づけの研究においても、方法や分析で追求する余地があり、DJWが学習者のライティングへの動機づけにどのような影響を与えているか、深める必要がある。

　以上の先行文献の研究を受けて、次章ではDJWの理論的研究を行い、仮説を提示することとしたい。

第 3 章　本研究の仮説

　第 2 章で、本研究の背景となる L2 ライティング研究の歴史的経緯、プロセス・アプローチ、そしてその具体的指導法である DJW、それぞれの先行研究をまとめた。先行研究を検討した結果、現在まで DJW は、学習者と教員のコミュニケーションを促すライティング活動として研究されてきていること、またライティング・プロダクトを対象とした研究は、数が限られているが、文レベルまでの研究が行われていることが分かった。一方、DJW でライティング・プロセスに、どのように教員の介入が行われているかということや、ライティング・プロダクトをテキストレベルで研究されたものがないことも分かった。

　本章では、このライティング・プロセスとテキストレベルの研究で、深められていない点を理論的に考察し、DJW に関する包括的な仮説を提示したい。

3.1　ライティング・プロセスへの介入とテキストレベルの分析について

　先行研究の問題点で指摘したように、今までの DJW 研究では、コミュニケーションを促す側面や単語、節、文レベルまでを対象とした研究が行われてきた。その一方、学習者のライティング・プロセスに介入することとはどういうことかという点と、学習者のプロダクトのテキストレベルを対象とした研究は十分に行われてこなかった。しかし、このジャーナルのやりとりの中で行われるプロセス介入は、この DJW の特色であり、それがテキストに影響を与えている可能性も指摘されている。この DJW 活動

が持つ会話的やりとりと、その中で産出されるテキストに関しての指摘が、いくつかの研究で行われているので、はじめにそれらに触れておきたい。

　前章のライティング・プロセスの節で取り上げた Bereiter & Scardamalia (1987) は、その研究の中で、話し言葉と書き言葉の発達に関して、二つの発達時期が異なっていることを「会話」の効果を絡めて説明している。彼らによると、会話は一方の人ばかりがトピックを提示し続ける必要はなく、提示するトピックがなくなれば、相手から新しいトピックが供給される、そういう言語活動であるということである。そのため話し言葉は気軽に長く会話を続けることができ、幼児にも取り組みやすいことから、発達が促されるということである。一方、書き言葉は常にトピック・内容を自ら産出しなければならないことから、難しく、気軽に取り組めない特徴を持っている。この難しさは幼少期には特に顕著で、その結果、言葉に関して発達段階の子どもは話し言葉を早く習得し、書き言葉の習得が遅くなると Bereiter & Scaradamalia は分析している。さらに彼らは、書き言葉で内容産出が難しい場合、幼少の未熟な書き手は自分の記憶から内容を探り出してくるが、その記憶を他のトピックとのつながりを考えずに書いてしまうため、内容的一貫性がないものになりやすいという報告をしている (Bereiter & Scaradamalia, 1987; p. 7)。つまりこの Bereiter & Scaradamalia の研究から、単独のライティング活動よりも、対話する相手がいるライティング活動の方が、未熟な書き手に対して援助的な教育活動であり、内容的に散漫になることを防ぐことができる可能性があると考えることができる。

　もう一つ、L2 の DJW を研究している Weissberg (2006) は、独自の研究で会話が内容の一貫性に良い影響を与えることを報告し、このことは DJW にも同様のことが言えると、以下のように報告している。

> The same communicative quality has been noted in dialogue journal writing, where the talk-like writing task directed to a familiar audience about topics of great personal significance to the writer can produce higher-than-usual levels of both coherence and accuracy. (p. 48)

以上のように、DJW が持っている会話性は、未熟な書き手に対して支援的であることと書き言葉に内容的一貫性を与える可能性があることが示唆されてきている。しかしながら、いずれの研究においても、なぜ内容的にまとまりが高まるのか、その理論的背景や実際 DJW で産出されたテキストを対象に、テキストレベルの質、特に内容的一貫性について検証されていない。前述したように、テキストレベルの問題は、DJW のライティング・プロセスへの介入が大きく影響していると考えられるため、本章でははじめにプロダクトを産出するライティング・プロセスに再度着目し、教員の介入と学習者のテキストとの関係を考えたい。

3.2　ライティング・プロセスと DJW

　第 2 章で触れた Flower & Hayes（1981）や Bereiter & Scardamalia（1987）のライティング・プロセス・モデルは、L1 を対象としたモデルであったが、L2 においても、このモデルを下敷きとして研究が行われている（Murphy & Roca de Larios, 2010; Roca de Larios et al., 2008; van den Bergh & Rijlaarsdam, 2001）。そのため、このライティング・プロセス研究において標準となっている Flower & Hayes のライティング・プロセス・モデルから、DJW を考察し、他のライティング活動には無い DJW の特徴を検討していきたい。

3.2.1　ライティング・プロセスと「課題環境（Task environment）」

　第 2 章で取り上げた Flower & Hayes のプロセス・モデルには、三つの要素「ライティング・プロセス」、「長期記憶」、「課題環境」があった。これらは個人の認知的要素、連携、働きを、発声思考プロトコルの分析を元にして、モデル化したものである。このモデルの中で、提示された課題を、書き手が頭の中で思い浮かべ、その「課題内容」や「読み手」を内的に表象し、検討する役割を担っているのが「課題環境（Task environment）」であり、書き手が外界とのやりとりを担う認知的働きのモデル化である。Bereiter & Scardamalia のモデルでは、その「表象する」という役割を前面

に出して「課題環境」の役割に当たる要素を、知識伝達モデル、知識変容モデルどちらも「Mental representation of assignment（課題の心的表象）」と命名している（Bereiter & Scardamalia, 1987）。

　このように「課題環境」というライティング・プロセスの要素は、「外界の」課題を「内的に」表象するという役割を担っている（Flower & Hayes, 1980）。DJW は教員とのジャーナル交換が特徴であり、教員が「外から」学習者のライティング・プロセスに働きかけるライティング活動であることから、この「課題環境」の働きとその教員の介入とが密接な関係を持っていると考えられる。そのため以下で、この「課題環境」について詳しく見ていきたい。

　そもそも、この「課題環境」は認知科学の「Solving problem（問題解決）」分野で、Newell & Simon によって導入された概念である（Newell & Simon, 1972）。彼らは、それまでの認知科学分野における人間の知能モデルが、「記憶装置」と「情報処理」のみによってモデル化されていることに対し、情報処理は、そもそも何らかの問題解決が必要とされる状況がなければ引き起こされないことを指摘した（Faigley, 1986）。そして、同じ課題に対しても人間は合理的で、同一の判断をするものではなく、個々人が違った判断をするわけだが、それは課題が同じでもそれを内的に表象する段階で違いが出てくることを指摘した。

　また問題解決における「理解」の研究を進めた安西は、与えられた課題をどのように表象するかが問題を「理解すること」と表裏一体で、問題解決においてもっとも難しい段階であると考察している。そして、その問題の表象が手際よく行われた場合、つまりよく課題を理解できた時、その問題解決もより良いものとなると報告している（安西, 1985; Anzai, 1987）。

　ライティングを問題解決として研究していた Flower & Hayes は、Newell & Simon の考えを受け継ぎ（Flower & Hayes, 1977）、この「課題環境」をライティングに特化し、ライティングのプロセス・モデルの中に位置づけた。このような認知科学の研究を背景にして、ライティングの認知モデルの中で位置づけられた「課題環境」には、下位カテゴリーとして「レト

リック的問題」と「産出されたテキスト」というカテゴリーがある。「産出されたテキスト」は、ライティング中で書かれているテキスト自体が、その後のライティングを制約するものとなるという要素である。上述した「課題環境」の中心的な役割は、課題の表象というところにあるところから、より重要な要素は「レトリック的問題」であり、Flower & Hayes はこのライティングモデルの論文と同年にこのレトリック的問題に関する論文 "The cognition of discovery: Defining a rhetorical problem"（Flower & Hayes, 1980）を発表し、このレトリック的問題がどのようにライティングに関係しているかを詳述している。さらに Flower は、1989 年に Linda Carey とともにこの課題環境におけるレトリック的問題表象とライティングの関係を「不良定義問題（ill defined problem）」から考察する論文も発表している（Carey & Flower, 1989）。以下これらの論文の報告・議論をもととして、ライティング・プロセスにおける「課題環境」の役割を明らかにする。

3.2.2　ライティング・プロセスとレトリック的状況

　Flower & Hayes（1980）の論文で、Flower & Hayes は「レトリック的問題」を二つのカテゴリーに分けている（図 3-1）。一つは書き手に外的に与えられた課題を表象する「レトリック的状況 The rhetorical situation」であり、もう一つは書き手自らが作り出す「書き手の目的 The writer's own goals」である。この二つはさらに細分化され、「レトリック的状況」は「問題/課題 Exigency or Assignment」と「聴衆 Audience」という項目が含まれており、「書き手の目的」は「読み手 Reader」、「語り手 Persona of Self」、「意味 Meaning」、「テキスト Text」という項目となっている。

　この「レトリック的問題」は、Flower & Hayes（1981）のプロセス・モデルでは、「課題環境」の一部となり（第2章、図 2-1）、「聴衆」と「問題課題」に加え「トピック」が付け加えられている。また「書き手の目的」はなくなっており、同じ「課題環境」の中に、「それまで書き加えられたテキスト」というものが新たに加わっている。以上のことから、この「課題環境」が、外部から与えられた課題をどのように捉えていく（表象して

Elements of the Problem	The Rhetorical Problem Examples
THE RHETORICAL SITUATION	
Exigency or Assignment	"Write for Seventeen magazine; this is impossible."
Audience	"Someone like myself, but adjusted for twenty years."
THE WRITER'S OWN GOALS involving the	
Reader	"I'll change their notion of English teachers..."
Persona or Self	"I'll look like an idiot if I say..."
Meaning	"So if I compare those two attitudes..."
Text	"First we'll want an introduction."

図 3-1　Flower & Hayes（1980）の「レトリック問題」の図解（p. 24）

いく）かということが最も重要であり、そこにこの「レトリック的状況」で述べられていることが関係している。以下その「レトリック的状況」を詳しく見ておく。

「レトリック的状況」とは Flower & Hayes（1980）が論文の中で触れているが、レトリック研究者である Lloyd Bitzer の術語である。Bitzer は「レトリック的状況」を以下のように定義している。

> Rhetorical situation may be defined as a complex of persons, events, objects, and relations presenting an actual or potential exigence which can be completely or partially removed if discourse, introduced into the situation, can so constrain human decision or action as to bring about the significant modification of the exigence.（Bitzer, 1968, p. 6）

この定義を端的にまとめると、レトリック的状況とは何らかの解決されるべき事態ということであり、その状況は人の決断や行為の変化によって、

全体あるいは一部を解決することができる状況であるということである。レトリックの世界で言われる「状況 situation」とは、何らかの意味を持った出来事であり、人間が関係し、行為を引き起こすような複合体を意味している (Hauser, 1986)。Bitzerによれば、このレトリック的状況は、「exigence（解決されるべき問題）」、「audience（聴衆）」、そして「constraints（制約）」で構成されているが、Flower & Hayes は、この Bitzer の術語を使用しているものの、彼らがプロトコル分析によって構成したモデルに取り入れた「レトリック的状況」は、Bitzer が考えているほど複雑ではないと説明している（p. 26）。実際 Flower & Hayes は、ライティング・プロセス研究で収集した発声思考プロトコルの分析から、Blitzer が提示している構成要素を解釈・転用し、「問題課題」と「聴衆」を取り上げ、プロセスに取り込み、表象されるレトリック的状況の要素と考えている。

　Flower & Hayes は、実際以下のようなライティング中の発声思考法で得られたプロトコルを分析して、書いている途中に課題をいかに表象するかという分析を行っている。

> Ah, in fact, that might be a useful thing to focus on, how a professor differs from . . . how a teacher differs from a professor, [meaning], and I see myself as a teacher, [persona], that might help them, my audience, to reconsider their notion of what an English teacher does. [effect on audience]（p. 24）

　この外的に与えられる課題のレトリック的状況表象が、どのようにライティング・プロセスに影響を与えるのだろうか。Flower & Hayes による「課題環境」の研究で得られた知見によれば、書き手によってこの表象の仕方が大きく違い、その違いが作品の良し悪しに影響があるということであった。つまり、与えられた「問題課題」と「聴衆」の表象を、どのように形成しようとする作業の違いが、良い書き手と未熟な書き手との分かれ目になっているということである。彼らのプロトコル分析の結果、未熟な書き手は1，2回しか、与えられた課題を読み直し、レトリック的状況

を検討しないのに対して、良い書き手は、何回もレトリック的状況を検討し、色々な情報を付け加えながら、丁寧に状況を作り上げていた。彼らの研究で収集したプロトコルをこのレトリック的問題に焦点を絞り、その回数の割合を調査したところ、「レトリック的問題」(「レトリック的状況」+「書き手の目的」)は、未熟な書き手は全体の30%しかレトリック問題に触れていないということが分かった。一方、良い書き手のプロトコル全体の60%あまりがレトリック的問題に関係していたということである。

また、このライティングにおける「課題環境」の問題を、「不良定義問題(ill-defined problem)」と考え、課題をどのように表象するかという点について、Carey & Flower (1989)は研究している。不良定義問題とは、目的が明確ではなく、あらかじめ決められた方法で課題を表象できないような問題を指す。一般的に解決が求められる問題とは、もともとこういった不良定義問題であるわけだが、ライティングの課題はその代表的なものである (Carely & Flower 1989; 安西 1985)。しかしながら、学校のライティングの問題は定番の課題を与えていたり、学生がパラグラフ・ライティングの形式にのみ依存して、課題に真剣に取り組んでいないという問題があることから、Carely & Flower は、ライティング課題を、学生があまり普段触れていないようなテーマで、なおかつ裁量を大幅に与えたものに設定して、発声思考法でプロトコルをとった。その結果、ライティングの内容が良かった学生と良くなかった学生では課題のレトリック的状況の表象の違いがよりはっきりして、内容の良かった学生はレトリック的状況の検討がしっかりなされ、情報量が豊富であったが、良くなかった学生はあまり検討をせず、とても限られた情報しか表象されていないことが分かった。

以上の研究から、Flower を中心とした研究者達は、ライティング・プロセスにおいてレトリック的問題は重要な位置を占めると考えている。Flower らの研究は 20 年以上前のものではあるが、北米で L2 ライティング教育に取り組んでいる Paul Kei Matsuda は現在でも L2 ライティングにおいて重要な要素であると考えている (Kimura, Matsuda, Oshima, & Sato, 2011)。ライティング・プロセス・モデルを発表した Flower & Hayes (1981)

においても、「作文を始める際、最も重要な要素は、明らかにレトリック的問題である」（p. 369; 著者訳）と述べ、「もしレトリック的問題に対する書き手の表象が不正確であったり、深まっていなかったら、書き手はその問題を解決することも、問題の中の見落とした点に注意を向けることも難しいだろう」（p. 369; 著者訳）と言い、レトリック的問題の表象は、大きな、そして不変なライティング・プロセスの要素であると報告している。このように「課題環境」は彼らのライティング・プロセス・モデルに、与えられた課題を表象する認知的要素として取り入れ、重要な役割を担っている。この点については、Flower & Hayes や Bereiter & Scardamalia のライティング・プロセスを批判的に発展させている van den Bergh & Rijlaarsdam（2001）の研究でも「課題」の表象は、産出されたテキストの質、特に内容的一貫性に影響を与えることが報告されている。

　ライティング・プロセス・モデルにおける「課題環境」について見てきたが、ライティングにおいて「課題環境」、特にどのような課題として表象しながら、ライティングを行うか、またどういった対象に向けて、そのライティングの内容を構成していくか、という「レトリック的状況」表象が、内的ライティング・プロセスと外界を結ぶ要素であることが明確になった。そして、そのレトリック的状況をどれだけ検討するかが、ライティング・プロダクトの質にも影響するということもわかった。

3.2.3　ライティング・プロセス・モデルと DJW

　以上、ライティング・プロセス・モデルの「課題環境」を詳しく見てきたのは、DJW と他のライティング活動との違いが、この課題環境に教員が「介入」することにあるからである。DJW は、前章で見たように、教員と学習者が継続的にジャーナル上でやりとりをするライティング活動であるが、他のライティング活動との大きな違いは、このプロセス・モデルに準拠して考えた場合、外界との接触部分、つまり「課題環境」であるということになる。

　Flower & Hayes がライティング・プロセスをモデル化したのは、単独で

ライティングを行っている際の認知的活動である。もちろん認知モデル化されている「課題環境」における内的表象、「ライティング・プロセス」の各要素、そして「長期記憶」などには、書き手がそれまでに形成してきた様々な経験が反映されているものの、このプロセス自体は一人一人の発声思考プロトコルの分析から得られたものであるため、単独のライティング活動を前提としており、後述する一般的な自由英作文と同じものである。

　一方 DJW は、前章で触れたように教員が学習者の書き込みを読み、レスポンスを書く。そのレスポンスを学習者が読み、新たな書き込みを行っていくライティング活動である。この活動を、Flower & Hayes のプロセス・モデルから考えると、教員が学習者のエントリーに対して書き込んだレスポンスが「課題」となり、大きく「課題環境」を規定することになる。この課題は「レトリック的状況」に照らし合わせると、かなり特色を持った課題となっている。まず「トピック」は、そもそも書き手が提供しているものであるため、書き手の興味関心を持ったものである。そして何らかの判断や評価を行うことが要求される「問題課題（Exigency）」は、書き手自身が提示している問題であることも他のライティング課題と大きな違いがある。さらに、そこに教員からのコメントが重なってくるので、単独では見逃してしまったり、簡単に済ましてしまうようなことも、「検討する機会」として提供される。最後の「聴衆」については常に目の前にいる教員が、唯一の読者で、具体的な聴衆となっている。このように、この DJW は具体性が高く、ライティング・プロセスにおいて学習者のレトリック的状況の表象を、教員が援助しながら行うことができる活動と考えることができる。さらに、上述したようにライティング課題は一般的に「不良定義問題」であり、外国語によるライティングでは語彙が限定されることから、不良性はさらに高まっていると言える。このようにかなり困難な課題に対して、ライティングにおいて重要な役割を持っている課題表象を、教員が援助するということはライティング教育において重要な役割であると言える。

　以上ライティング・プロセスの視点から、DJW が独自に持っている特

色である「課題環境」への介入を考察してきた。はじめに確認したように、Flower & Hayes はもともと「問題解決」のプロセスから出発しているため、彼らのモデルは個人内の心的表象をモデル化している。そのプロセス自体に直接外部から継続的に働きかけることは、一般的なライティング教育にはあまり見られない働きかけであり、DJW の重要な教育的要素である。

　一般のライティング授業での教員から課題環境、レトリック的状況への働きかけは、ブレイン・ストーミングやマッピングなどを用いながら、レトリック的状況を明確にする指導が中心であろう。一方、対話は「指示」ではなく、実際一緒に学習者と「やりとり」するという活動である。2章の DJW の特色としての「対話」で取り上げたように、「対話」は情報を伝達する行為ではなく、対話者同士で相手の反応や理解を確認しながら相互理解を深めていこうとする人間関係であった。そのため DJW は、情報を与えて指導する方法ではない点で、従来のライティング指導と大きく異なる。

　ではこういった介入による教員からの援助というのは、どのような意味や効果があるのであろうか。このような他者とのやりとりの教育的意義については、DJW の先行研究で Mahn（1997）や Nassaji & Cumming（2000）が取り上げているが、両者とも Vygotsky の発達心理学、特に ZPD にその理論的なものを求めている。このような DJW がライティング活動における学習者への援助の教育的意味を検討するために、次節で Vygotsky 発達心理学の ZPD を検討したい。

3.3　DJW の教育的意味

　前節で検討したように、ライティング・プロセスから DJW を考察すると、教員は「課題環境」に介入することができることが分かった。このような他者の介入に伴う発達を、個のレベルにとどめて考察することはできず、他者との関係を視野に入れる必要がある。学習者の心理的発達を、社会的文脈において考察する研究の多くは、その研究に端緒をつけた旧ソ連

の発達心理学者 Lev Semenovich Vygotksy (1896-1934) にさかのぼる。本節では、彼が現代の教育分野に影響を与えた「最近接発達の領域 (ZPD)」と Bruner らによる ZPD の認知心理学への応用である「交流的足場かけ (Interactional scaffolding)」、それにともない第二言語習得の「リキャスト」研究にも触れ、DJW の教育的意味とプロダクトに対する影響について検討しておきたい。

3.3.1 最近接発達の領域 (Zone of Proximal Development)

　Vygotksy はその主著『思考と言語』(Vygotsky, 1987) で、社会的コミュニケーションが心理的発達に関して持つ役割の研究を公表し、その後の社会文化理論及び第二言語習得研究に大きな影響を与えている (Lantolf, 2000; Lantolf & Poehner, 2008; Swain, 2000, 2011)。Vygotsky は、抽象的記号操作能力に関して、個人内機能の発達だけではなく、間主観的コミュニケーションの記号操作を個人内に内化することが必須だと考えた。Vygotsky は、このような精神発達を社会的コミュニケーションから考察し、理論化したことで、それまで心理学研究の中心であった「内観主義」と「行動主義」とは違う、新しい心理学の地平を切り開いたと言われている。そしてこのような間主観的コミュニケーションが内化される領域が「最近接発達の領域 (Zone of Proximal Development; ZPD)」であると考えていた。ZPD は、第二言語習得分野でも多く引用されている概念であるが、引用者によってかなり解釈の違いがあるため (Kinginger, 2002)、Vygotsky の原典 (Vygotsky, 1987) に沿って、簡単にこの概念をまとめる。

　Vygotsky は、児童生徒が持っている経験に根ざした概念を「生活概念」、学問上の体系化された概念を「学的概念」と分類した。生活概念は経験に根ざしているため単純であり、概念とその対象が一対一対応で把握されていることが多いという点で、具体的な概念である。しかし、この生活概念は具体的ではあるが、他の概念との違いが検討されておらず、未整理のままで、体系化されていない概念という特徴がある。一方、学的概念は抽象化され、分類され、体系化された概念であり、具体性はそぎ落とされてい

るが、その分思考上で操作しやすい特徴があると言える。Vygotskyは、学校教育とは、生活概念が中心である児童生徒を、学習を通じて概念の抽象的操作ができる能力を身につけさせ、その結果彼らの生活概念を学的概念へと質的に変化させることが重要な役割だと考えていた。そして上記の生活概念と学的概念の質的差異に着目し、その質的な境界にある連続体が「最近接発達の領域（ZPD）」であると考え、概念化した。つまりZPDは、生活概念から学的概念への移行領域を表している。そしてその領域内で、教員が児童生徒とのコミュニケーションを通じて、概念の質的な変化を促すことが教育の重要な役割だと考えていた。

　この「最近接発達の領域」の定義としてVygotskyは、子どもには一人でできる課題のレベルと、一人ではできないが大人など能力・経験のある他者との協働作業ではできるレベルがあり、この協働作業でできるレベルにある、現在の発達から考えると「次に発達する」領域が「最近接発達」の領域としている。また、この発達しつつある領域の次には大人の協力があっても課題を達成できない領域ももちろんある。以上のことから生活概念を携えて、まだまだ概念的発達が未熟な子どもが、より体系的な概念を習得している大人から概念を「手渡し」されることが難しいため、大人との協働作業の中で次に発達する領域を体験し、プロセス・アプローチでいうところの「気づき」を経験し、発達させていく、そういう領域が「最近接発達の領域」であるということができる。そしてこの領域の定立は、大人の介入による「協働作業（教育）」が「発達」を促す役割を表現しており、Vygotskyは教育の意味をそこに見ている。以上の説明を図示すると次のようになる（図3-2）。

3.3.2　交流的足場かけ（Interactional scaffolding）

　以上概観したVygotskyのZPDについて、実はVygotskyはあまり詳しく論じているわけではなく、また具体的な例示も行っていなかった。さらに1934年にVygotskyが死去した後、彼の著作がソ連国内で発行禁止の対象となったため、彼の発達理論はしばらく公に扱われることはなかった。

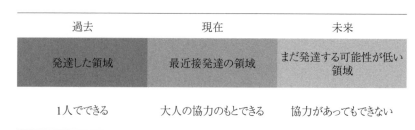

図 3-2　Vygotsky の ZPD の図式化

1950 年代半ば以降、政治的な変化から徐々に Vygotsky の著作が発行されるようになり、その考えは海外へも伝えられるようになった。そうした中、行動主義が主流であった欧米の心理学研究者達に、Vygotsky の考え方が知られるようになり、精神発達に関して間主観的な概念発達に着目した彼の研究や、その ZPD の発達観は大きなインパクトを与え始めた（Bruner, 1986）。その中にあって、『教育の過程』（1960）や認知心理学で有名な Jerome Bruner は、1960 年前後からこの Vygotsky の ZPD に関心を持ち、大人が子どもの知的操作をどのようにサポートできるのかという問題に取り組んだ。そして Newell & Simon や Flower & Hayes と同じように、ZPD の問題を「問題解決」の研究として取り組み、子どもの問題解決に大人がチューターとして関与することに焦点を当てた研究を行った。その結果は、Wood et al.（1976）において報告され、その ZPD における大人の子どもに対するチュータリングの役割として「交流的足場かけ（Interactional scaffolding）」という概念を報告している。

　Wood et al.（1976）のもともとの問題意識は、それまで行われていた「問題解決」の研究で、被験者が、他の人から何ら援助がない、単独の状態で行う問題解決状況のみを対象としていたことにあった。実際の「問題解決」、特に子どものような未熟な学習者が問題解決に取り組む際、普通年長者の援助があって行われるため、単独者のみの問題解決研究では実態を把握できないということが、その問題意識であった。そのため Wood et al. は 3 歳児、4 歳児、5 歳児のそれぞれの児童集団に、21 個の組み立てブロックを

使い、指示した形に組み立てる課題を与え、その課題作業に大人（研究者）が介入し、チュータリングをしながらその課題を行うというデザインで実験を行い、その取り組みの違いを観察・分析した。それぞれの年代によって、課題の取り組み方に大きな違いがあるのと、大人とのやりとりにも大きな違いがあることが報告され、これらの分析結果から大人が課題解決に介入して行った役割を、彼らは総称して「交流的足場かけ」と呼び、以下のような六要素をそこに見いだした。

1. Recruitment 「動員」
  問題解決者の興味関心をひくこと
2. Reduction in degrees of freedom「自由度の削減」
  解決に到達するまでに要求される諸々の手順や手段の数を削減することで課題を単純化する。
3. Direction maintenance「方向性の維持」
  問題解決者がその発達段階の限界もあり、解決に滞ったり、他の目標にずれていってしまうことに対して、指導者が興味を引いたりするなど動機づけをしながら、一定の目標に活動を向けるように維持する。
4. Marking critical features「重要点を示す」
  解決者が実際行ってきたことと、目標として表象していることとの食い違いについて教える。どういった点が食い違いになっているかを、援助者は把握しなければならない。
5. Frustration control 「感情の落ち込みを調整する」
  どんな方法でやるかは問題ではなく、解決者が失敗して落ち込みすぎないようにすることが重要。ただし、援助者への依存度が高くな

        りすぎる危険もある。
6. Demonstration 「例示」
        良い解法を実際やってみることで解決者に見本を見せる。

（Wood et al., 1976, p. 98）

 Wood et al. が足場かけの具体的な機能を提示したことで、ZPD における大人の具体的な介入の仕方が明確になり、ZPD の概念を広めるきっかけともなった。またこの足場かけの研究によって、発達心理学や認知心理学だけではなく、その後教育学や SLA においても、ZPD や足場かけの概念が多く取り上げられるようになっている。

 以上のような ZPD と足場かけと、前述した Flower & Hayes が良い書き手と未熟な書き手との違いをレトリック的状況で説明した点とあわせて考えてみると、生活概念の状態・未熟な学習者が「未熟な書き手」となり、未熟な書き手はあまり課題の検討をせず、レトリック的状況を丹念に表象しない点に問題があった。こういった未熟な学習者には、このレトリック的状況を何回も検討しながら表象することが必要であったわけだが、本研究で考えているように、そこに大人としての教員が DJW 活動を通して介入し、足場かけの機能、例えば関心を引いたり、維持したり、例示したり、進行状況を把握したりすることによって、レトリック的状況をもっとしっかり表象させることができるようになり、良い書き手に変化するための支援をすることができる。このように考えると DJW は発達心理学を背景にライティング・プロセスに教員が援助的に介入することで、学習者のライティング能力を高める点で、教育的に意味のある活動であると言うことができる。

3.3.3　DJW の具体例

 では実際に DJW で学習者はどのように教員とやりとりし、上述したような足場かけのような支援を受けているのであろうか。先行研究の DJW

実践の中から、いくつかの具体例を取り上げ、事例として紹介したい。(以下 T: 教員、S: 学習者として表示する)

3.3.3.1 「動員」

 T: You mentioned "Hozumi." Where is "Hozumi?" Is the city in Aichi?
 S: Oh, thank you for mentioning "Hozumi." I wanted to tell "Hozumi," but I didn't have last time. There is Hozumi in Gifu prefecture. (佐藤, 2008)

 DJW では、はじめ何を書けば良いのか学習者がわからず、書き込みの量が少ないことが多い。そのような場合、学習者の書き込みを利用して書き込みしやすいことを話題にすると書くことを促進することができる。この例では、学習者が、はじめの書き込みで出身地の都市名だけを書いていたので、それをレスポンスで意図的に取り上げ、書き込みを促すようにした。

3.3.3.2 「方向性の維持」

 S: I have liked trains since I was a boy. I often took pictures of them. I have gone to Osaka in order to take pictures of them. Now, I have about four or five hundred pictures.
 T: Isn't it a good idea to tell me little by little about your trains? What is your favorite? Why do you like it so much? (木村, 1994)

 このやりとりで、学習者が特に関心を持っていることを書き込んでいるため、そのことに教員も関心があること伝えて、さらに続けて「鉄道」について書くように促している。このようにして、学習者が書きやすいと感じることを捉えて「方向付け」し、次の書き込みでも書きやすくすることも、DJW の大きな特色である。

3.3.3.3 「感情の落ち込みを調整する」

S: I have not worked on e-learning since April. I don't like it. But I'm going to work on it, maybe today. E-learning and sports are very different for me, but my English proficiency goes down.

T: I think that listening part is much easier for you. Let's try them first. And keeping practicing will give you good proficiency. （佐藤, 2008）

　3.3.3.2 で示したように DJW は個人的な内容が多いことから、様々な個人的な悩みも書き込まれる（Mahn, 2008）。DJW はそういった悩みをカウンセリングする場ではないため、直接解決につながるようなことは書き込まないが、書き込まれた悩みを無視することもできないので、励ます言葉をレスポンスとして書くことが多い。この例では英語の課題をやっていない、そして英語力も落ちた、ということが書き込まれているため、アドバイスと励ましをレスポンスとして書き込んでいる。

3.3.3.4 「例示」

4-1

T: Have you played volleyball?

S: I have not played volleyball, but I have done volleyball with my friend.

4-2

T: Do you feel difficulty in teaching?

S: I understand why a student feels difficulty.

4-3

T: I think learning and club activity are main parts of university life.

S: I also think that learning and club activity are main parts of university life.

（佐藤, 2008）

DJW では学習者と教員が話題を共有しているため、学習者がどう表現すればいいか分からない表現に対して、教員がモデルを提示することがしやすい。上記の三例（4-1，4-2，4-3）の学習者が書いた実線下線部は、いずれも教員のレスポンスの破線下線部を学習者が利用して書いた箇所である。このように学習者の書きたい内容を察し、教員が語彙や表現を提示しやすい。そしてその表現を学習者が認識し、さらにすぐに使う機会を提供できる。これは次の 3.3.3.5 の例のように定着していくきっかけとなる。

3.3.3.5 「気づき」

    S1: I belonged to brass band and played <u>trumpet</u>. In junior high school and high school days, I also belonged to brass band and played <u>tronbone</u>.
    T: . . . I played the drums.
    S2: . . . You can play <u>the drums</u>! . . . So I play <u>the violin</u>.
    S3: . . . practicing <u>the piano</u>. I want to play <u>the violin</u> and to continue to play <u>the violin</u>.

（佐藤, 2008）

DJW はいくつかの研究で指摘されているように、直接学習者の書き込みを修正することをあまり行わない。例示した事例でも、S1 で楽器の前の the が抜け落ちていたが、教員がレスポンスの中で楽器に the を付けた形で書いた。そして、今までの学習で、楽器の前に the が必要であることを学習者が認識していたため、その後の S2 やさらに 3 週間後の S3 においても楽器に the を付けて書き込みができるようになっていた。このように既知の事項に対する気づきで、その後間違えずに使えるようになることがある。

3.3.4 教員レスポンスにおけるリキャスト

「足場かけ」の事例として取り上げた「気づき」のように、DJW の教員のレスポンスは、学習者の間違いなどに対して直接的ではなく、修正や良

い表現の提案を学習者に対し、暗に提示する働きを持っている。このような学習者と教員とのインタラクション場面で、「学習者の発話にある誤りを、対話者（例えば教師やNS）が、発話のもとの意味は変えず、また会話の流れを途切れさせずに与えるフィードバック」（名部井, 2005）を、第二言語習得研究では「リキャスト」と呼び、暗示的フィードバックの一つとしてその効果が研究されてきている（Long, 2007）。このような修正を含んだフィードバックは、すでに母語習得研究や第二言語習得分野でのインタラクション研究で、取り上げられていたが、1990年代後半にフォーカス・オン・フォーム研究の中で、「リキャスト」として注目され、その効果が研究され始めた（Doughty & Williams, 1998）。言語教室内の会話を対象として、教員や母語話者から学習者へ向けられたフィードバックの中に、暗示的な修正があることが研究されてきたことから、あまりライティング教育では焦点を当てて取り上げられてきていない（Guenette, 2007）。しかし、通常のライティング指導とは異なった対話的ライティング活動であるDJWでは、このようなリキャストの働きを含む教員からのレスポンスがあると考えられ、3.3.3.5「気づき」で示したように「足場かけ」の事例の中にもそういったレスポンスと学習者の応答を見ることができる。

　当初、リキャスト研究では、教員の暗示的「修正」がどれほど学習者の修正につながるかという点に焦点が当てられていたが、現在では修正だけではなく「拡張」（Chaudron, 1977）や「追加情報」（Lyster, 1998）などの役割もあることが分かってきている。さらにLyster & Ranta（1997）ではフランス語イマージョン教室での教員のフィードバックの55%がリキャストであったことをはじめ、言語学習環境での対話に多くのリキャストが含まれていることが報告されている（Lyster, 1998; Mackey, Gass, & McDonough, 2000）。以上のようなリキャスト研究から、対話形式のDJWでは、学習者の間違いに対して修正、拡張、追加情報を含んだ教員からのレスポンスが多数あり、それらが暗示的に学習者の気づきを喚起し、中には修正へ結びつくものもあると考えることができる。

3.3.5 語彙の多様性について

　リキャスト研究で明らかにされてきたように、「足場かけ」で言われるところの「気づき」のような働きは、言語習得場面で教員と学習者の間において大きな割合を占めている。また、3.3.3 で取り上げた「足場かけ」の事例からは、学習者が、具体的な文脈で、教員のレスポンスによって、修正、言い換え、より良い表現などを知ることができる機会を得ていることが分かった。ただし、こういった教員からのレスポンスが学習者の文法的修正へつながっているかどうかは、リキャスト研究の中でも議論されていることであり、必ずしも学習者への修正につながっていないという報告もある（Lyster, 1998; 名部井, 2005）。

　本節では、DJW の教育的意義として、対話的活動が学習者の「足場かけ」になること、さらにその一部は「リキャスト」の役割も果たしていることがわかった。このような DJW の対話的活動は次節の動機づけを含めて、様々な側面に働きかけると考えられるが、プロダクト面において、すぐに間違いの修正につながると考えることには留保が必要であった。しかしながら、文法的正しさにつながらなくても、Weissberg（2006）が指摘するように、学習者が教員のレスポンスを自らの書き込みに取り込み、実験的に書き込むことが DJW の特色であるということから、少なくとも学習者の語彙や表現の多様性につながることが考えられる。また DJW 研究では、語彙や表現の多様性は今まで研究されてきていないが、ライティング研究一般では、代表的な指標となっているため（Wolfe-Quintero et al., 1998）、DJW 研究としてもぜひ考慮するべき指標でもあり、「足場かけ」や「リキャスト」の研究から、十分その可能性があると考えられる。そのため、本研究で、DJW の対話的活動の効果で、ライティング活動を重ねていくと、学習者の書き込みの語彙の多様性が豊かになっていくのではないかと仮定し、検証することとしたい。

3.4　DJW による動機づけ

　以上、DJW を認知的ライティング・プロセスへの介入という視点と、

教員が認知的プロセスをどのように支援するかという視点で実例を含めて解釈を深めた。本研究は、あくまでも DJW がライティング・プロダクトにどのような形で影響を与えるか、ということに焦点を当てる研究であるが、学習者が DJW から受ける影響は、認知的側面だけではなく、動機面も影響を受けるはずであり、その影響でライティング活動が動機づけられ、プロダクトに影響することも十分ある。ではジャーナルを教員とやりとりする DJW は学習者の動機面において、どういった影響を与える可能性があるかのか。この点を以下で考察し、仮説を提示することにしたい。

3.4.1　学習者の DJW に対する感想

　佐藤（2010）の研究は、ダイアローグ・ジャーナル・ライティングにおいて、学習者の語数の推移（増加傾向や減少傾向）にかかわらず、学習者はライティングに対する前向きな姿勢が形成されることを報告している。例えば語数が増加した学習者集団からの感想は、以下のようなものがあった。

> 「自分の英作文で言いたいことが相手に伝わって会話として成り立ってたことが嬉しかった。」
> 「毎回何を書くかで悩んだりもしたが，先生との対話形式で，自分が書いた内容に対するレスポンスが楽しみだったので苦痛ではなく，むしろ楽しかった。」
> 「先生が返事を書いてくれるから楽に楽しく書けた。」
> 「毎回書くことに困ったけれど先生からのコメントもあったのでやる気がちゃんとたもてて，よかったと思います。」
> 「先生は文法がごちゃごちゃでもちゃんと読んでくれるから嬉しかったです。」
> 　　　　　　　　　　　　　　　　　　　　　　（佐藤 2010, p. 145）

　また語数が減少傾向だった学習者集団からも、以下のような感想を得た。

「はじめのほうはライティングの文の構成にとまどっていたけど，じょじょになれてきたせいか最後のほうは楽になったと思う。」
「単語が組み合わさって1つの意味になることがあったりして，それがライティングによって発見できたり，使いこなせるようになっていきいいと思う。」
「英語を書くのが楽しくなった。」
「いままで，英語をやってきたが，ライティングをやったことにより，いままでよりも英語になじめたと思う。機会があったらやりたい。」

(佐藤 2010, p. 146)

　この二つの学習者集団の感想に共通するのは「ライティングができるようになった」という感覚であり、その結果「もっとライティングをやりたい」という傾向である。このように、何かができるようになったという実感は「有能感」であり、その結果、その活動をもっとやりたくなることは「意欲」と考えられる（中谷他, 2007）。佐藤（2010）の研究からDJWは、ライティングに対する有能感と意欲を高めることが推察されるが、ジャーナルのやりとりと有能感や意欲とどのようなつながりがあるのか、理論的に考察する。

3.4.2　相互作用と有能感

　佐藤（2010）の研究から、ジャーナルのやりとりという相互作用を通して、学習者は自信を感じ、意欲を持ち始めていることが読み取れるが、このことは教育心理学における「有能感」の問題に関係してくる。教育心理学における教室内の学習者の分析は、学習者が人やモノとの相互作用する中で行われる学習を対象としているが、その中で形成された有能感は、重要な分析指標として扱われている（中谷, 2007）。

　近年、言語習得・学習分野の動機づけの研究の中で良く取り上げられる、Deci & Ryan の「自己決定理論」であるが（Deci & Ryan, 1985; 廣森, 2006）、彼らによると「有能さ（competence）」が明確に心理学に持ち込まれたのは、

Whiteの研究（White, 1959）からである。Deci & Ryanの「自己決定理論」では、基本的な心理的欲求（basic psychological need）を、「有能さへの欲求（need for competence）」、「自律性への欲求（need for autonomy）」、「関係性への欲求（need for relatedness）」としているが、ホワイトの研究では、「有能さ」は人間の学習にとって（本能と並ぶように）根源的であり、それは人間が他者や環境とやりとりし、順応していく上で最も基本的な概念と定義されている（White, 1963）。

　Whiteは、まわりとの相互作用に引き起こされる人間の感覚には、「効力感（efficacy）」と「有能さ」という二つの感覚があると考えている（White, pp. 35-39）。「効力感」については「何かをしているという感じ、活動的ないしは効果的であるという感じ、何かに影響を及ぼしているという感じなど」のように、まわりとやりとりをし、変化を与えることができた時に感じる充実感を表している。この効力感には社会的評価は含まれない。一方、その効力感の積み重ねで学習ができ、他者から評価され、能力として物事ができるようになった感覚を「有能さ」、あるいはその主観的な満足度を「有能感」（sense of competence）としている。

　　「人間の場合、有能さは主に学習の産物である。そのような学習は、全面的に効力性によって動機づけられた探索や操作的行動の結果であるかもしれない。あるいは、本能的圧力の影響下で、また様々なエネルギー源が組み合わせによってそのような学習が行われたのかもしれない。言い換えれば、有能さは、いかに動機づけられたかにかかわらず、環境との相互作用の全歴史の累積結果である。」（White, 1963, p. 39; 著者訳）

　現在の教育心理学においても、この有能感は重要な概念で、「仮想的有能感」の研究で知られる速水（2006）は、他者とのコミュニケーションが少なくなればなるほど、他者からの具体的な評価が得られなくなり、有能感を感じにくくなる（そのため「仮想的有能感」を創り出す）ことを指摘し

ている。

　佐藤（2010）の研究を、以上の有能感と相互作用の考察から分析すると、DJW で学習者たちがライティングが以前より書けるようになり、楽になったと感じたのは、客観的にどれだけ書けるようになったか、ということも係わるであろうが、教員の応答によって具体的な反応を学習者が得ることで、主観的に感じた感想であり、これは White の「有能感」(sense of competence）に該当する。White はその結果、さらに学習したいという感覚については言及していないが、有能感が増せば自信も付き、さらに「〜したい」という意欲が現れてくる。これらの有能感や意欲は White や速水の考察では、相互作用の結果形成されることにある。

3.5　理論的仮説

　以上考察してきたように、DJW はライティング・プロセス・モデルの「課題環境」に、教育的に介入することによって、学習者のレトリック的状況を支援することが可能であること、またそうしたレトリック的状況の改善が、ライティングの質、特に内容的一貫性を高めることが分かった。さらに DJW では単なる介入だけではなく、足場かけの効果から、書き手として未熟な学習者に対して、発達的に無理のない形で支援することが可能であることも分かった。またジャーナルのやりとりによる相互作用で、学習者に有能感や意欲を与える可能性があることも分かった。このような特色を持つ DJW で、産出される学習者のプロダクトについて、次のような仮説を本研究では立てることとする。

1．「DJW では、他のライティング活動に較べて平均語数が増加する」
　　先行研究にあるように、ストレスが少ないライティング活動のため、平均語数が伸びると分析されているが、上述の考察から教員の教育的支援とトピックが学習者とって取り組みやすいことなどからも、平均語数が増加すると考えられる。
2．「DJW では、他のライティング活動に較べて使用語彙が多様になる」

足場かけ、リキャスト研究から、教員の介入によって、学習者は常に新しい語彙使用をレスポンスで見ることになり、新しい表現や間違った箇所の正しい表現などを知り、また実験できることで、学習者の語彙が増えることにつながると考えられる。
3. 「DJW では、他のライティング活動に較べてテキストのまとまりが良くなる」
課題環境への教員の介入によって学習者は関心のある話題を、明確な読み手に向かって書くことによって、よりまとまりのある文章が書けるようになると考えられる。
4. 「DJW では、学習者に有能感を与える」
DJW による相互作用は、学習者のライティング活動に、有能感や意欲を与える。そうした自信を付けることで、ライティング・プロダクトも全体に向上すると考えられる。

以上、本章で検討してきた DJW に関する理論的な考察から、本研究の対象となるライティング・プロダクトに関しての仮説を提示した。次章ではこの仮説を検証するための方法や具体的な指標を検討することで、本研究の準備をすることとしたい。

3.6　第3章のまとめ

本章では、DJW 先行研究で深められていなかった以下の二点について、あらためて考察した。

1. ライティング・プロセスに教員が介入するということはどういうことか。
このことについて、認知的ライティング・プロセス研究を基本にして考察し、「課題環境」としての「レトリック的状況」である「課題」や「聴衆」に、直接教員が係わることができ、そういった係わりによって教員は、ライティング・プロセスに介入することができる。また

Flower & Hayes の研究で、その「レトリック的状況」をよく検討することがプロダクトの内容のまとまりを左右するということも分かった。

2．DJW はライティング・プロダクトのテキストレベルにどういった影響を与えるか。

上述したように、教員の介入でレトリック的状況の検討を教員と協力してできるため、テキストのまとまりをは良くなることが考えられる。また、教員の教育的介入は、学習者のライティング活動に、Vygotsky の ZPD で言われるような協働環境を作り出し、Bruner が明確化した足場かけという教育的効果が期待できる。その効果によって、介入によるテキストレベルのまとまりは、より良いものになることと語彙などにも影響を与えることになることが予測される。またこうした介入は学習者に有能感や意欲を与える。

以上のような理論的考察に基づき、本研究は DJW と FW との比較に対して以下の四つの仮説を立てた。

1．「DJW では、他のライティング活動に較べて平均語数が増加する」
2．「DJW では、他のライティング活動に較べて使用語彙が多様になる」
3．「DJW では、他のライティング活動に較べてテキストのまとまりが良くなる」
4．「DJW では、学習者に有能感・意欲を与える」

次章ではこの仮説を検証できるように方法や指標の検討を行いたい。

第4章　本研究の方法

　本章では、前章で提示した以下の仮説を検証するための方法について詳述する。

1. 「DJW では、他のライティング活動に較べて平均語数が増加する」
2. 「DJW では、他のライティング活動に較べて使用語彙が多様になる」
3. 「DJW では、他のライティング活動に較べてテキストのまとまりが良くなる」
4. 「DJW では、学習者に有能感・意欲を与える」

　仮説の1～3はライティング・プロダクトの分析指標の選定が重要なため、「文レベルまでの指標」と「テキストレベルの指標」とに分けて、指標を検討する。最後の4に関しては、質問紙を用いるため、その質問事項の検討を行う。

4.1　文レベルまでの指標
4.1.1　言語指標の問題点
　DJW の先行研究のプロダクト分析で、以下の指標が対象となってきた。

　　流ちょうさ：平均語数（Duppenthaler, 2004; 佐藤 , 2002; Yoshihara, 2008）
　　流ちょうさ：T-unit の長さ（Casanave, 1994）
　　文法的複雑さ：T-unit 複雑性（Casanave, 1994）
　　正確さ：誤りのない T-unit 割合（Casanave, 1994; Weissberg, 1998）、

誤りのない節数（Duppenthaler, 2004）
　　読みやすさ：Flech-Kincaid 指数（Duppenthaler, 2004）

　これらの指標は、L1、L2 のライティング研究で広く扱われているものであるが、本研究の L2 ライティング研究では、学習者がライティングの発達段階にあるということで、その点を考慮する必要がある。そのため、本研究ではまず、ライティング発達と言語指標の先行研究を検討し、どういった指標が本研究に適切であるかを検討したい。

4.1.2　ライティングの発達指標

　ライティング・プロダクトの文レベルまでの指標研究では、現在いくつもの研究がなされてきているが、ライティング力の発達について包括的に先行研究をまとめた研究として Wolfe-Quintero et al.（1998）がある。この Wolf-Quintero et al. の研究では以下の四つの観点から分析指標がまとめられている。

　　・流ちょうさ
　　・複雑さ（文法）
　　・複雑さ（語彙）
　　・正確さ

彼女らは、百以上の指標に関する先行研究を検討した結果、それぞれの観点において以下の指標が良い指標であると報告している。

　　・流ちょうさ：語数÷T-unit、語数÷節、語数÷誤りのない T-unit
　　・複雑さ（文法）：節÷T-unit、従属節÷節
　　・複雑さ（語彙）：異なり語÷語数、洗練された異なり語÷語数
　　・正確さ：誤りのない T-unit ÷ T-unit、誤り÷ T-unit

Wolfe-Quintero et al. は、ライティングにおける発達の指標という点で、以上の指標の中でも「流ちょうさ」、「複雑さ（文法）・（語彙）」が発達とともに値が高くなり、他方「正確さ」の指標はライティング発達と相関がないことを指摘している (p. 118)。例えば Tedick（1990）は、作文の「全体的評価」と「T-unit の長さ」、「誤りのない T-unit の長さ」などを統計的に比較研究したが、全体的評価と流ちょうさは正の相関を持っているものの、誤りは語数が増えるにつれて、増える傾向があり、全体的評価と必ずしも高い相関になっていないことを報告している。また Wolfe-Quintero et al. が取り上げた「正確さ」について、Polio（1997）が Wolfe-Quintero et al. と同じ文献（Casanave, 1994; Ishikawa, 1995; Robb, Ross, & Shortreed, 1986）を検討したところ、文献間の「誤りのない」とする基準が揃っていないこと、またそれを決めることが難しいことを指摘している。さらに DJW 研究を行い、誤りのない T-unit を指標として分析した Duppenthaler 自身が、「誤りの基準」を決めることが難しいことも言及している（Duppenthaler, 2004）。

以上のような先行研究に基づき、本研究では、包括的な研究を行った Wolfe-Quintero et al. の研究と他の諸研究を参考にし、仮説検証をするため以下のような「正確さ」を除いた「流ちょうさ」と「複雑さ」の指標を文レベルまでの分析で対象とすることとする。

- 「流ちょうさ」：平均語数（average number of words, 以下 ANW）、節の長さ（clause length, 以下 CL）
- 「複雑さ（文法）」：T-unit 複雑性（T-unit complexity, 以下 TC）
- 「複雑さ（語彙）」：ギロー指数（調整された異なり語割合）」（Guiraud Index, 以下 GI）

以下、それぞれの言語指標の概略を説明する。

4.1.3　平均語数（ANW）

ライティング分析において、最も基本的な指標と言えるのが平均語数

(ANW) である。ライティングの量的分析においては必ず計量されるものであり、今まで多くの研究でこの指標がライティングの評価や発達と強い相関があることが報告されているが (Grant & Ginther, 2000; Ishikawa, 1995; Larsen-Freeman, 1978; Tedick, 1990)、一般にライティングの流ちょうさ (fluency) の尺度と考えられている。日本の大学生を対象とした研究においても、ANW がライティングの評価の説明に使えることが報告されている。杉浦（2008）は大学生 48 名のライティング・プロダクトを対象として、ANW と他の言語指標と作文評価を目的変数とした重回帰分析を行い、その結果 ANW が説明変数として選択されることを報告している。また成田（2008）においても、大学生 61 名のプロダクトを対象として、ANW と他の言語指標や英作文の総合評価との相関を分析したところ、ANW と「英作文の総合点」、「TOEFL-ITP スコア」にそれぞれ強い相関を表していた。さらに水本（2008）も、大学生 40 名を対象として作文評価を目的変数とし、ANW を含めた言語指標による重回帰分析を行った結果、ANW が説明変数として選択されたことを報告している。以上のように現在までの研究や、特に日本人大学生を対象とした英語ライティング研究から、ANW は流ちょうさだけにとどまらず、英作文力や英語習熟度と正の相関があることが分かってきている。しかしながら Wolfe-Quintero et al. (1998) が、ライティングの発達尺度として研究された 18 の研究の内、11 の研究で有意な結果が報告されているが、7 つの研究では、ANW には有意な結果が報告されていないことを指摘して、決して流ちょうさの安定した尺度ではないと指摘している。本研究では、多くの研究の結果に基づき、学習者ライティングの発達を示し、特に流ちょうさの尺度としてこの ANW を考えるが、Wolfe-Quintero et al. の指摘にも配慮して、次の項目の「節の長さ」(CL) も指標として取り入れることとする。

4.1.4 節の長さ (CL)

CL は Hunt (1965) の研究以来、「文の長さ」(sentence length)、「従属節の割合」(ratio of subordinate clauses to all clauses)、T-unit とともに統語的複雑

さの尺度として研究されてきた尺度である。Wolfe-Quintero et al. では、流ちょうさの指標として「T-unit の長さ」や「誤りのない T-unit の長さ」があげられているが、同時に CL も信頼のおける指標としてあげられ、Ishikawa（1995）の研究からも EFL の学習者には T-unit よりも節の方が適切ではないかという指摘があることから、本研究では流ちょうさの指標として、ANW とともに、節あたりの語数を比較する分析指標とする。

4.1.5　T-unit 複雑性（TC）

　T-unit の中に、どれだけ節（副詞節、形容詞節、名詞節）が含まれているか（節÷T-unit）を指標とするのが T-unit 複雑性である。Hunt（1965）の研究で取り上げられ、その後、文法的複雑さの代表的な指標として、多くの研究で用いられている。Wolf-Quintero et al.（1998）によれば、17 の第二言語ライティングの研究で使用され、相反する結果が出ている研究もあるが、語学プログラムや学校を対象とした場合、その習熟度に応じて変化することが分かっている。またこの指標は、日本人大学生を対象として DJW の研究をした Casanave（1994）でも使用されているため、その研究との比較にも使用できることから、本研究で文法的複雑さの指標として TC を用いる。

　以上、量的指標として述べてきた、ANW、CL、TC の数え方については、2000 年以降のプロダクト研究で多く採用されている Polio（1997）の Appendix C で述べられているガイドラインに従った（pp. 138-140）。それぞれ、誤りについてどのように扱うかが明確に書かれているが、特に ANW の数え方については、間違いを許容して数えることが方針とされているため[3]、本研究でもこのガイドラインに従った。

3） Polio は平均語数と誤りについて次のように述べている。
　"Count words as they are written, even if they are incorrect."（Polio, 1997, p. 140）

4.1.6　異なり語割合（TTR）

　語彙的複雑さの指標として、多くの研究で用いられてきている「異なり語割合」（Type Token Ratio）には、その指標の計算方法から、対象とする文章が長くなればなるほど、値が小さくなるという性質があり、Wolfe-Quintero et al.（1998）をはじめ、同じような長さのプロダクトの比較には役立つが、長さがばらばらである場合は、比較指標としては問題があることが指摘されてきている（Jarvis 2002, Vermeer, 2000; Wolfe-Quintero et al. 1998）。このような指摘に対して、Jarvis（2002）は、長さに影響を受けにくく計算方法を工夫した、いくつかの TTR のバリエーションや、TTR をモデリングした指標 D（Malvern & Richards, 2002）などを提案している。水本（2008）は、日本人大学生が書いた英作文を対象に、この D についても産出し、TTR も含めた言語指標とあわせてクラスタリングした結果、D と TTR はそれほど離れた位置ではなかったことを報告している。一方、Vermeer（2000）はこの D も TTR を基礎にしていることには違いなく、その有意性に疑問を投げかけている。

　本研究では、TTR が長さから影響を受けにくくするため、「異なり語数÷延べ語数の平方根」で算出する Guiraud Index（ギロー指数、以下 GI と略す）を語彙的複雑さの指標として採用することとする（杉浦, 2008; Vermeer, 2000）。TTR 及び GI に関しては杉浦（2008）、水本（2008）の研究において重回帰分析の結果、英作文の総合評価の説明変数としては選ばれていない。一方、成田（2008）では、TTR は「英作文の総合点」と有意な相関が見られなかったが、GI で計算し直したところ、有意な正の相関が得られたと報告されている。また Grant & Ginther（2000）の研究では、TTR の向上が英語力と相関している結果を報告している。以上のように語彙的複雑性の指標である TTR 及び GI は英作文力との相関でまだ安定した指標とは言えないが、本研究の仮説の検証には必要な指標であるため、この指標をプロダクト分析の一つに加える。

4.1.7　先行研究との比較

　以上、本研究で対象とする文レベルまでの指標とその概要を見てきた。いずれも本研究の仮説検証のために必要な指標を対象としてきたが、これらの指標がDJWの先行研究でどのような分析結果になっているかまとめておきたい。

4.1.7.1　平均語数（ANW）

　平均語数は、Duppenthaler（2004）、佐藤（2002）、Yoshihara（2008）で取り上げられており、Yoshihara以外の研究では向上したと報告されている。ただし、佐藤はプリ・ポストで行った自由英作文の語数変化を報告しているが、統計的な処理ではないこと、またYoshiharaは統計的に比較しているが、前期の平均語数と後期の平均語数を対象としたt検定の結果であり、活動の初期と終期の比較を意図されたものではないなど、それぞれの研究によって基準が異なっている。実施対象者も、佐藤とDuppenthalerが高校生、Yoshiharaが大学生であり、この点からも単純な比較が難しい。

　そのため本研究ではANWに関して、実施したすべての活動を前期、中期、後期の三期に分け、ANWを対象としてその変化を、他のライティング活動と統計的に比較することとする。

4.1.7.2　節の長さ（CL）

　先行研究において、CLを指標として対象としているのは、Casanave（1994）のみで、Casanaveは1年半の活動期間を、三つに分け、それぞれの期におけるCLを測定した上で、3分の2の学習者のCLが長くなったという報告をしている。しかし、これは2章で指摘したように、割合の変化を報告しているだけで、統計的に分析されていないため、客観的に増加しているかどうかは分からない。また他のライティング活動と比較していないので、DJW独自の効果であるかどうかも言えない。

　そのためCasanaveの報告を検証するためにも、本研究では実施したすべての活動を前期、中期、後期の三期に分け、CLを計算し、統計的に分

析し、CL が長くなっていると言えるかを、他のライティング活動と比較して検証したい。

4.1.7.3 「複雑さ（文法）」：T-unit 複雑性（TC）

先行研究で TC を対象としているのも、Casanave（1994）のみで、この結果も CL と同様に三期の割合の変化を追い、3 分の 2 の学習者の書き込みの複雑性が増したという報告をしているが、統計的分析は行っていない。

そのためこの TC についても、実施したすべての活動を前期、中期、後期の三期に分け、TC を計算し、統計的に分析し、本当に複雑性が増すと言えるのかということを、他のライティング活動と比較して検証したい。

4.1.7.4 「複雑さ（語彙）」：ギロー指数（GI）

DJW の先行研究で語彙の複雑さを扱った研究はなかった。そのため、この指標のみが本研究で初めて分析対象となる。仮説で述べたように、教員のプロセスへの介入よって、言い換え、例示、修正例などを学習者が見ることにで、GI が高まると予測している。また後述するが、DJW は一回の作文で色々なトピックを扱うこともあるので、この点でも GI が高くなることが予測できる。

以上の事を踏まえて、実施したすべての活動を前期、中期、後期の三期に分け、GI を計算し、統計的に分析し、どのように変化するかを、他のライティング活動と比較して検証したい。

4.2 テキストレベルの分析

以上、仮説検証のための文レベルまでの指標について検討を行った。次に、第 3 章で研究した、DJW がテキストレベルのまとまりに、良い影響を与えることができるという、仮説の検証について述べたい。

テキストのまとまりを考えるということは、単文ではなく、二つ以上の文で構成される文章を対象として、統一性があるかないかということが問

われている。テキストを対象とした言語学を始め、テキスト性や結束性を分析した *Cohesion in English*（1976）において Halliday & Hasan は、「2 つ以上の文を含む英語の文章が 1 つのテキストとして認められる場合は、その文章には必ずいくつかの言語的特徴（linguistic features）が存在しており、それらの特徴がその文章の全体的な統一性に寄与するとともに、それにテキスト性を与えている」(p. 2, 安藤他訳)と述べている。こうした一貫性は、Halliday & Hasan が研究対象とした、テキスト上の語彙的な結びつきに一貫性をみる「結束性（cohesion）」と、意味内容的な結びつきに一貫性をみる「首尾一貫性（coherence）」が、一般的にライティング研究では対象となってきている。

　本研究で分析しようとする学習者の産出するテキストに関して、この結束性と首尾一貫性に着目するが、これらの指標を考える際、その前提となるテキスト性がそもそもどのような研究の上に成り立っているかを知る必要がある。特に、本研究が対象とするのは、発達段階の学習者のテキストであるため、不完全であることが多いが、その不完全さは、どの程度許容されるかということも、そもそもテキスト性をどのように考える必要があるかが明確になっていなければ、分析の対象とすることも難しい。そのため、現在テキスト理解研究として、一般的に利用されている Kintsch の構築・統合モデル（Construction-Integration Model）を取り上げ、テキストの構造的な理解を行い、その後本研究の対象とする結束性と首尾一貫性の指標へと考察を進める。

4.2.1　Kintsch の構築・統合モデル（Construction-Integration Model）

　現在、テキスト理解研究の中で、広く受け入れられているものに、Kintsch（1988, 1998, 2004）の研究による「構築・統合モデル（Construction-Integration Model 以下 CI model）」がある（卯城 2009, 邑本 1998）。この Kintsch のモデルは、Kintsch & van Dijk（1978）の研究以降研究が進むにつれ更新されているものであるが、基本的には、次のようなモデルで人間のテキスト理解を考えている。

私たちは、文章を読むことで、心の中にその読んだものの痕跡が残り、それを Kintsch は心的表象（mental representation）と呼ぶ。その表象には三つのレベルがあり、「表層的記憶（surface memory）」、「命題的テキストベース（propositional textbase）」、そして「状況モデル（situational model）」である。表層的記憶は、テキストに書かれている言葉そのものの逐語的記憶であり、短期間しか保持されない記憶のレベルである。命題的テキストベースとは、テキスト内の命題を中心として構築される意味表象である。これは、後述するようにテキストが意味内容を伝えるレベルであり、テキスト内のいくつもの命題から意味が伝わり、その結果、意味のネットワークが形成されると考えられ、テキストを理解する上で重要なレベルと言える。最後の状況モデルは、テキストからの情報と読み手の既有知識が統合されるレベルで、テキストによって記述される状況全体の理解のレベルとなっている。

　上述の理解モデルでは、どのレベルも必要なものであるが、この Kintsch の CI model では、命題という分析単位が、モデルの提案された当初から重要な役割を果たしている。命題について邑本（1998）は、「文章レベルでの理解あるいはその結果としての意味表象を解明しようとする研究においては、その（言葉の）ような小さな単位の意味で議論することはない。対象とする最小の意味の単位は、通常、何らかの事実を表すものであり、それは命題と呼ばれる。そしてまた、事実、多くの研究が命題を心内の処理の対象であることを前提として議論を進めている」（p. 180、カッコ内著者補充）と、テキスト理解の分析をする際の最小単位として命題が利用されていることを指摘し、海保・加藤（1999）においては端的に、命題を「その内容が真か偽かを判断することができる知識の最小単位」（p. 49）としている。

　Kintsch は、この命題を原子命題と呼び、その原子命題は述部（predicate：動詞、形容詞、副詞、接続語句）とアーギュメント（argument: 名詞、代名詞）によって構成されているとし（Kintsch, 1974）、Predicate（Argument 1, ……Argument n）と表記するようにしている。Kintsch があげている例では

（Kintsch, 1998）、「Mary gives a book to Fred.」という文を原子命題では、

GIVE〔agent:MARY, object: BOOK, goal:FRED〕（Kintsch, 1998, p. 38）

と表記し、これらの原子命題がいくつも重なり合う形で、複合命題（compound proposition）が形成されると考えられている。

　以上のような Kintsch の CI model は、提案されて以来、テキスト理解研究だけではなく、ライティング研究の結束性や首尾一貫性でもよく参照されるモデルとなっている（Lee, 2002）。また Kintsch のモデルを基底に、テキストの結束性や命題分析を自動的に行うライティング評価の自動化も進められ、コンピュータによる意味解析の研究が前進している（Shermis & Burstein, 2003）。本研究で利用するテキスト分析サイトの Coh-Metrix も、この Kintsch の CI model を利用してテキスト分析を行っている。

　以上の CI model によるテキスト理解から、テキストの一貫性とは、Halliday & Hasan が当初重要視したテキスト上の語彙的な結びつきよりも、命題間の結びつきや、その結びつきによって構成される意味的な結びつきに移行していると言える。実際 Halliday & Hasan（1989）では、語彙的特徴のカウントだけでは結束性を計測できるとは言えず、範囲を広げ「構成的結束性」、「有機的結束性」、「構造的結束性」で捉えることを提案するように変化してきている。

　本研究では、以上概観した Kintsch の CI model に従って、結束性と首尾一貫性を考えることとする。以下詳しく、このモデルに従ってテキストレベルの指標を考察したい。

4.2.2　結束性

　結束性（Cohesion）とは、はじめに述べたように、テキスト表面上に現れる言語的結びつきで形成されるテキストの統一性である。このような、テキスト上の結びつきによる統一性について、Kintsch の CI model では、「アーギュメントの重複（Argument Overlap）」（以下 AO）を用いて考えてい

る。「アーギュメント」とは、上述のようにKintschのCI modelの基礎をなす「原子命題」の一つの要素である。海保・加藤（1999）の心理学の研究方法を扱った研究の中でも、基本的なテキスト分析の一つに「命題分析」が解説されており、その中でアーギュメントとは、「基本的には個々の単語に対応する概念に対応し、時には他の命題に対応することもある。」(p. 50) ものと考えられている。

そして、Kintschの命題的テキストベースで与えられた命題の意味が、一つの物語であったり、論説を形成するには、結束性が必要である。このような諸命題のネットワークを作り上げるのは読み手であり、その際には「一般的な常識」、「個人的な知識」、「記憶された意味」などに影響を受けるが、命題間でのつながりに関して、アーギュメントの重複（argument overlap）が重要であると考えられ、以下のように述べられている（Kintsch &van Dijk, 1978）。

> Specifically, (P, A, B) is referentially coherent with (R, B, C) because the two propositions share the argument B, or with (Q, D, (P, A, B)) because one proposition is embedded here as an argument into another. Referential coherence is probably the most important single criterion for the coherence of text base. (Kintsch & van Dijk, 1978, p. 367)

このように、テキストの各命題の諸アーギュメントの重複を数え上げることで、結束性の一つの指標が可能となる。

このAOに関しては、AOによって形成された命題間の結束性で読み手の理解の負担が減ることにつながると報告されている（Britton & Gulgoz, 1991）。Britton & Gulgozは、オリジナルテキスト（1030 words）と、Kintschの理論に従いできる限りアーギュメントを重複させ、推論が途切れることなく読解できるように調整した修正テキスト（1302 words）を、それぞれ20名ずつの学部生に読ませ、その後内容について自由に記述させたり、選択肢によるテストを行ったところ、修正テキストを読んだ学生の理解に

負担が少なく、有意に正確であることが分かった。ただし、このテキストベースから読解者が心的表象を形成するということについては、その後 Kintsch らはトーンを弱め（van Dijk & Kintsch, 1983）、Zwaan, Langston,& Graesser（1995）の研究では、心的表象の形成とテキスト上の結束性が相関していないことが報告されている。しかしながら、読解研究において、この AO は分析単位の一つとして確立されていることから（Miall & Kuiken, 1999）、本研究では、テキスト上の結束性の指標とする。またライティング・プロセス研究で有名な Bereiteer & Scardamalia（1987）においてもこの AO を結束性の単位として用いている。

　以上の先行研究を踏まえ、本研究ではこの AO を結束性の指標として扱う。この AO は、後述する Coh-Metrix で算出可能であるため、サイト上で算出された値を本研究では利用することとする。

4.2.3　首尾一貫性

　首尾一貫性（Coherence）とは、「読者に対し意味を形成するため、テキスト内のアイデアが結びついた関係性」（Lee 2002, p. 135; 著者訳）と言われている。しかしながら、この首尾一貫性のとらえ方にはかなり多様性があり、Grabe & Kaplan（1996）でも「首尾一貫性の包括的な定義に関しては、共通認識できている部分が少ない」（p. 67; 著者訳）と言われている。それは、テキストの統一感という点では共通しているが、その統一感が何に起因するかによって解釈の違いが生まれている。実際、接続を表す表現などに着目してテキスト上でのつながりを重視した Halliday & Hasan（1976）や、意味レベルで構成される局所的な構成（microstructure）と全体的構成（macrostructure）の関係を考えた Kintsch（1988, 1998, 2004）の研究などがある。さらに、首尾一貫性が書き手や書かれたテキストに大きく依存するもの（Granham 1985）から、首尾一貫性を構成する場合の読み手の役割の大きさに着目した研究（Brown & Yule 1983）まで、心理学、言語学、応用言語学の多様な分野で議論されてきている。しかしながら、それらの強調点の違いがあっても、首尾一貫性の構成に関して書き手、読み手、テキストが関

係しており、どれも省略できないという点では、合意されているようである。

本研究では首尾一貫性に関しても、結束性と同様 Kintsch のテキスト理解理論に沿ってテキストレベルの分析指標を考えたい。

前述したように Kintsch の CI model で、人間のテキスト理解は、テキストからの命題と読み手が持っているスキーマの共同作業として理解されている。Kintsch をはじめとしたテキスト理解研究者は、このようなテキスト理解の際、形成されるテキストのつながりを、首尾一貫性と考えている (Kintsch & van Dijk, 1978; Singer, 1994; van den Broek, 1994)。例えば「読み手が、テキストを読み進める中で発生する、推論過程の結果が首尾一貫性を構成する。つまり読み手は、テキストに含意されている関係性を同定し、テキストに明示的に述べられていない出来事、事実、テーマについての情報を活性化し、あるいはその両方の活動に参加するためにみずからの背景知識を利用するのである」(van den Broek, 1994, p. 556; 著者訳) と考えられ、その推論活動は「明示的にメッセージの中に述べられていないテキストベースのアーギュメントや命題」によって行われると考えられている (Singer, 1994, p. 480; 著者訳)。

先に取り上げたように、Kintsch は命題間のつながりを AO に結びつけて考え、心的表象もそのつながりに基礎をおいていた。しかし van Dijk & Kintsch (van Dijk & Kintsch, 1983) 及び Zwaan et al. (1995) の研究によって、AO の有効性に対して疑問が提示されるようになってきた。こうした研究をふまえ、テキスト性の研究をさらにすすめるため、Kintsch はより巨大なテキスト群を対象とした研究を進めはじめた。そうした中、従来の命題の考え方では、結びつきを手で数えざるを得なく、自動化が難しいことが問題となった。その際 Kintsch が命題の代わりに、テキスト性を考える上で重要な候補としたのが Latent Semantic Analysis (潜在意味解析、以下 LSA) であり、そのことについて以下のように言及している。

> Propositions have the advantage that we can interpret them easily, but they

depend on hand coding. Thus, they are not suitable for large-scale applications because automation is impossible. The vectors of LSA, like distributed representations in a neural net, are not as readily interpreted, but they can be constructed automatically and objectively and do not impose limits on the size of the texts to be analyzed. It may be advantageous for the theorists to think in terms of propositions because of their concreteness, but the LSA format offers advantages of scale, objectively, and automaticity that open up new horizons for the theory of comprehension. (Kintsch 1998, p. 119)

以上のように、大量のプロダクトを客観的に、自動的にその意味的ネットワークの結びつき度合いを計測できるとKintschは考え、LSAによってテキストの意味的つながり、首尾一貫性を表すことを提案している（Kintsch, 1998, 2001）。

このLSAは、Kintschが注目する前に情報検索分野で独自の発達をしてきている指標であるため、以下でその概念の概略を取り上げておきたい。

4.2.4　潜在意味解析（Latent Semantic Analysis：LSA）

LSAは、もともと情報検索技術としてのベクトル空間モデル（vector space model）（Salton, Wong, & Yang, 1975）に、特異値分解（singular value decomposition）を取り入れて、より精度の高い情報検索ができるようになった「潜在意味インデキシング」（latent semantic indexing; LSI）（Berry, Dumais, & O'Brien, 1995）から発達したものである。

ベクトル空間モデルとは、1970年代にSaltonらによって、SMARTモデルに採用された検索モデルで、情報検索の代表的なものである。ベクトル空間モデルは、簡潔に言えば、文章とそれを検索する検索語を、それぞれ文章ベクトルと検索ベクトルとして表現し、相関係数と同じベクトル間の類似度（コサイン尺度）に基づいて、情報検索を可能にしたモデルである（猪原・楠見 2009）。この文書ベクトルとは、行に異なり語、列に各文章を

配し、各セルに各文章における異なり語の頻度を表すものである。それゆえ、この文章ベクトルの次元数は、文書に含まれる異なり語数に等しく、文書量が増えるとベクトルの次元が増加する。例えば Landauer & Dumais (1997) が取り上げた約 460 万語の百科事典コーパスの異なり語は、60,768 個であり、それゆえ文書ベクトルは 60,768 次元となる。しかしながら、このような高次元の文書コーパスの一つ一つの文書に含まれる異なり語数は、数百程度のため、一つ一つの文章に出現する異なり語が少なく、ほとんどのセルが 0 の疎らな行列になっている（高次元スパース行列）。このような高次元スパース行列では、相互に連関する語が、まったく違う次元で扱われることになってしまい、ノイズ的な影響を与える。そのため、もともと行列が持っている相対的な関係を保持しながら、高次元を低次元に圧縮する次元縮減（dimensionality reduction）を行うと、都合が良いと考えられた。その次元縮減に特異値分解（singular value decomposition）が使われているが、この特異値分解は、多変量解析における主成分分析と同じで、分散の最大化を利用して、できるだけ少ない要因（成分）で全体をまとめていく方法である（北他, 2002）。

　LSI の技術を利用し、さらに類似した意味を持つ単語は類似した文脈の中に現れるという考えに基づき（Kintsch, 2001）、大規模コーパスから人間の文章理解により近い知識モデルを提案したのが LSA である（Landauer & Dumais, 1997）。Landauer & Dumais は 30,473 項目の百科事典のコーパス（*Grolivers Academic American Encyclopedia*）をもとに TOEFL の問題から抽出した同義語問題[4]を行ったところ、非英語圏出身のアメリカ大学生が 51.6 項目（64.5%）の正解に対して、LSA を用いた結果は 51.5 項目（64.4%）という結果であった。またこの同義語問題の正解率が最大になる次元数は、300 次元前後であることも、この調査で分かった。そしてこの特異値分解

4）この同義語問題は、ETS から提供を受けた TOEFL の 80 の同義語問題を使用している。一つの問題は「対象となる単語」と四つの選択肢で構成されている。コンピュータによって、この対象となる単語と四つの選択肢のベクトルの類似度を算出し、もっとも類似度が高い選択肢を LSA による正答と見なしている。

を用いることで、LSA は頻度 0 であったセルも、そのコーパスの文脈の中で、どの程度貢献するかという値が付けられることになるため、より擬似的な知識を表現する働きをしている。この LSA は、現在まで様々な用途によって検証されている。例えば、Landauer et al.（2003）は、3,396 名分のエッセイテスト（ETS の専門採点者行った GMAT の 2,263 名分と授業内で行ったエッセイテストを ETS の専門採点者が採点した 1,033 名分で、すべての採点を 2 名以上の採点者が行った）をサンプルとして、LSA を用いたエッセイ採点システム（Intelligent Essay Assessor）と人間の採点者との信頼性係数は 0.88 となり、高い精度をあらわしている。その他にも単語分類課題、プライミング効果など、いずれにおいても高い確実性が報告されおり、現在情報検索や文章判断の技術としてはスタンダードな技術となっている。

　本研究では、Kintsch が意味的まとまりの指標として支持する LSA を、上記のような研究で報告されているように信頼性があると考え、首尾一貫性の指標として扱うこととする。

4.2.5　Coh-Metrix の利用

　以上、本研究の仮説検証のためのテキストレベルの指標として、結束性にはアーギュメント重複、首尾一貫性には LSA を利用することを述べてきた。これらは上述したように、それぞれの指標に対して多くの研究があり、妥当性があるが、それと同時に現在コンピュータによって自動的に指標が産出されることが可能となっており、大量のプロダクトを同一基準で自動的に算出できることに利点がある。本研究では、1000 個程度の学習者ライティング・プロダクトを対象とするため、この点でもこれらの指標を利用する意味がある。この AO と LSA を自動に算出するということで、近年テキスト分析やライティング分析で利用されることが多くなってきた、Coh-Metrix を本研究でも利用して、AO と LSA を算出することにしたい。以下にこの Coh-Metrix について概要を述べる。

　Coh-Metrix は Graesser, McNamara, Louwerse, & Cai（2004）によって、それまで集積されたテキストに関する分析研究を、一つのサイトで一括して

値を算出するプログラムとして開発された。対象とする値は、結束性、首尾一貫性、語彙的複雑さ、などから基本的なテキストの特色（平均語数、文の長さ、単語の長さ）など 200 以上にのぼる。この Coh-Metrix は現在第 2 版となりメンフィス大学心理学部が運営する Web 分析サイト（http://cohmetrix.memphis.edu/cohmetrixpr/index.html）「Coh-Metrix」で算出できる（図 4-1）。

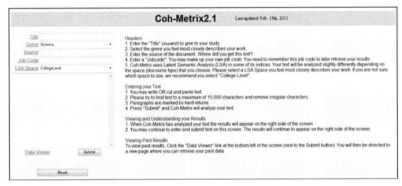

図 4-1　Coh-Metrix 画面

　Coh-Metrix では、上述した Kintsch の研究に基づき、AO 値を隣接する二つの文に共通した名詞、代名詞、名詞句をカウントし、全体に対する割合として値を返す算出方法を行っている。Coh-Metrix のヘルプで提示されている例文は、以下のもので、この場合下線部の cells の重複がアーギュメントの重複と判定されている。

> Cell division occurs to reproduce and replace <u>cells</u>. The division of <u>cells</u> with amembrane-bound nucleus and organelles（eucaryotic cells）involves twodistinct but overlapping stages, mitosis and cytokinesis.（Coh-Metrix 2011, p. 15）

　また LSA については、もととなるコーパスに Touchstone Applied Science

第 4 章　本研究の方法　83

Associates (TASA) コーパス[5]を使用し、出力される値は、LSA を用いて隣り合う文の類似度を算出し、対象となる文全体の平均値となっている。

　なお、Coh-Metrixに付随する説明（Coh-Metrix 2.0）で、このLSAは結束性を表すと書かれているが、「結束性」とはHalliday & Hasan（1976）の説明にあるように、テキスト上の言語的特徴の結びつきを指し、LSAが測定しようとするコーパスの情報に基づいた語の共起関係から、その背後にある意味的関係を推測することとは相容れない。またCrossley et al.（2007）でもLSAをCoh-Metrixの結束性の項目に入れているが、この論文でLSAによって測定していることは、意味的類似性であり、LSAの値が大きいほど、意味的関係が近いと書かれている。先に述べたように、現在テキスト理解研究では、首尾一貫性は、テキスト上に明確に述べられていない命題表現を推論することによって構成されると考えられ、Kintsch（1998）によってLSAは、その意味的つながりの有効な方法として提案されている。以上の事から本研究では、LSAを首尾一貫性の指標として考えるべきであるとし、Coh-Metrixで産出されるLSA値は、首尾一貫性の値として扱う。

　このCoh-Metrixは、まだ新しいテキスト分析サイトであるため、このサイトの指標を使用して発表されたL2関連の論文数は少ない。本研究は日本人学習者を対象としているため、参考として日本人を対象としてCoh-Metrixを利用し、AO、LSAに言及した一つの文献に言及しておきたい。

　木村（2012）が、中学校、高校で10年以上の経験のある英語教員を対象に行った英作文指導で、教員が書いた英作文を分析するためCoh-MetrixでAOとLSAを測定している（表4-1）。英語教員の習熟度は明示されていないが、習熟度は高いと考えて問題はない。AOの数値は、隣り合う文でAOがある場合の割合を表していることから、どちらの年度も4割〜5割で、AOがあることとなり、結束性は高いと考えられる。一方、LSAは0〜1の間で、値が高いほどテキスト内の意味的親密さが高いことになる

---

[5] Touchstone Applied Science Associates (TASA) は Landauer & Dumais (1997) で作成されたコーパスで米国の小学校1年生〜大学1年生までの教科書を対象としている。

表4-1 10年目研修(2009年度、2010年度)における教員のAOとLSA

	2009 ($n = 16$)				2010 ($n = 20$)			
	M	SD	min.	max.	M	SD	min.	max.
AO	.48	.23	.17	1.00	.41	.20	.04	.83
LSA	.22	.11	.09	.41	.16	.09	.02	.38

が、2009年度は0.2、2010年度は0.1未満となっており、親密さは決して高いとは言えない。木村は、この結果に対して、AOよりもLSAで表されたように2010年度の受講者の英作文の方が、全体的に散漫な英作文が目立っていたと考察している。

4.2.6 トピックの分割について
4.2.6.1 複数のトピックとその平均値

　以上、本研究のテキストレベルの分析で使用する指標と、その指標値を算出するために利用するCoh-Metrixについて述べてきた。本研究では、次章以降で行うテキストレベル分析でこれらを使用するが、DJWでは、学習者によって産出される1回分の書き込みに複数のトピックが含まれることがあり、その特色を考慮しないとAOもLSAも適切にテキストの状態を反映することができない問題がある。このことについて以下に述べ、分析する際の手順を述べる。

　DJWのライティング・プロダクトの大きな特徴に、一つの書き込みの中にいくつものトピックが書き込まれていることが多い、ということがある。Peyton, Staton, Richardson,& Wolfram (1993) では、次のように一般的なライティングとの違いを指摘している。

> The assigned writing naturally encouraged the production of topic-focused text, since the topic was specified. However, there were no such topic constraints on the dialogue journal writing. The students could write about

as many different topics as they chose within each entry, and elaborate on them as they chose. Writing about a given topic could consist of as little as a question or brief response to a question.（Peyton et al. 1993, p. 207）

Peyton & Seyoum（1993）では、DJW の学習者の書き込みを例に取り、トピックが変化していることを例示している（トピックの区切りが＃で表わされている）。

#Yes I did the test well in it. I think I miss only number 1 and 7 because one said write the names of the picture and seven is write the name of all the picture. I still have to take the test because I like to take the test. # I think if we finish the sign it is going to look very good on the board. # I trade the space stamp with the Simon for the Sport stamp.（Peyton & Seyoum 1993, p. 181）

この例示された学習者の書き込みでは、3つのトピックが書き込まれている。
　今回の分析にあたっては、DJW のすべてのテキストでトピックをチェックし、多くの書き込みで、2つ～4つの範囲でトピックが分かれていることを確認した（資料1「トピック数一覧」）。これらのトピックはそれぞれの内容が異なるため、Coh-Metrix に入力する際、トピックの違いを無視して一緒に入力すると AO 値、LSA 値いずれも正確に反映されなくなる。そのため、本研究の分析にあたって、DJW の一回のエントリーがいくつかのトピックに分かれている場合、一つ一つのトピックを別々に Coh-Metrix に投入し、算出し、その複数の AO 値、LSA 値の平均値を取り、一回の書き込みの代表値とした。これをそれぞれ AO Mean、LSA Mean とする。

4.2.6.2　参考値としての最大値
　上述のように、代表値として平均を取り、それを対照活動の AO 及び

LSAの平均値と比較することとするが、一つの書き込みに書かれた複数のトピックのAO値やLSA値を平均化してしまうと、一つ一つのトピックの実態を把握することが難しくなる。そのため統計としては問題があるものの、研究上トピックの実態を把握しやすくするため、特にAO値やLSA値が高い場合、どのようなレベルで書かれているかが、ライティング指導上重要であると考えることから、参考値として各回の最大値をその回の代表値とし（トピックが1つの場合はそのままその値を代表値とする）、実験的に統計的比較もすることとした。この最大値を、それぞれAO Max、LSA Maxとした。

4.2.7 まとめ

以上、本研究の仮説検証のためのテキストレベルの分析に関して、その指標となる結束性及びAOと、首尾一貫性及びLSA、またそれらの値を大量に、自動的に処理することができるメンフィス大学のCoh-Metrixについて述べてきた。このDJWのテキストレベルの分析は今まで先行文献で研究されてきたことのないものであるため、どのような結果になるかは分からないが、DJWの特色である「課題環境」への、対話を通した教育的な働きかけによって、徐々に学習者のテキストが内容的につながりを強めていくのではないかと考えている。

4.3 質問紙

4.3.1 質問紙法

本研究では、DJWと他のライティング活動のライティング・プロダクト分析を補足するための意識調査として質問紙を用いる。質問紙法は、心理学研究法において、言語を媒介とする面接法、検査法と並んで「人間のこころや行動を知るための重要な研究方法のひとつ」（鎌原他, 1998）として、重要な位置を占める研究法として確立している。また外国語教育の研究分野でも、この調査方法は、学習者の観察可能なデータでは捉えることの難しい「意識や感情、あるいは期待や不安といった情意的な要因」（廣

森 , 2006, p. 52）などを調査する方法として多用されており、学習者の意識調査として確立された方法だと言える（Dörnyei, 2003）。

4.3.2 質問紙

本研究では、学習者のライティング活動に関する質問紙を、相互作用に関連して仮説として提示した「有能感」、「意欲」とライティング活動に関連して「方略」に関する質問で構成する。

「有能感」では、前章で言及したように「〜ができるようになった」と実感できることが、概念の中心となっている。そのため、英語で文を書けるようになったと実感することが重要であるため、質問項目として、「英語が書けるようになってきたと思う」を設定した。また、この有能感を別の角度から聞く設問として、もし英語で文を書けるようになってきたならば、英語を書くことに負担を感じなくなるとも言えるので、そのことを聞く設問として「英語で文を書くのが楽である」を設定した。また逆転項目として「英語を書くのは苦痛だ」を入れた（鎌原他 , 1998）。

「意欲」に関しては、「〜したい」という意識を問うことが目的となるため、「毎回英語を書くのが楽しみだ」を設定した。また同じ趣旨の設問として、「英語を書く練習をしたい」という質問も設定した。

上記の動機づけに関する質問と同時に、ライティング活動を通じて、英語を書く過程での取り組み方に、変化が現れるかどうかも、プロダクト分析を補うために必要だと考え、英語を書く際の一般的な方略も、質問項目として入れた。Sasaki & Hirose（1996）で扱われた Postwriting Questionnaire for the English Composition を参考に、ライティング方略の質問項目を作成し、「英語を書く前に何を書くかを考える」、「英語を書く前に構成を考える」、「英語を書いている途中に書き直しをする」、「英語を書いた後見直しをする」とした。

以上の質問項目で質問紙を作成したが、意図が明確になりすぎ、誘導しているとも取られかねないので、ダミー項目として、「英語を書きながら新しい単語の意味を発見したことがある」、「英語を書くことで英語の知識

が増える気がする」を入れ、全11項目とした。また同様に意図が明確になりすぎるのを避けるため、順番も適度に入れ替え、質問紙を作成し、調査をおこなった。

4.3.3 質問項目と順番
以下が本研究で使用する質問項目とその順番とする。

1. 英語で文を書くのが楽である
2. 毎回英語を書くのが楽しみだ
3. すこしずつ英語が書けるようになってきたと思う
4. 英語を書くのは苦痛だ（逆転項目）
5. 英語を書く前に何を書くかを考える
6. 英語を書いている途中に書き直しをする
7. 英語を書いた後見直しをする
8. 英語を書く前に構成を考える
9. 英語を書きながら新しい単語の意味を発見したことがある
10. 英語を書くことで英語の知識が増える気がする
11. 英語を書く練習をしたい

尺度はリカート・スケールの五件法（1．そう思わない、2．あまりそう思わない、3．どちらでもない、4．ややそう思う、5．そう思う）で構成した。

4.4 自由英作文との比較
最後に、他のライティング活動との比較について述べたい。先行研究の問題点として指摘したように、いままでのDJW研究におけるライティング・プロダクト分析では、Duppenther (2002b, 2004) 以外に他のライティング活動と比較した研究がない。このような現状では、DJWについての知見が、果たしてDJW独自の効果・特色であるのかどうかということが明確にならない。そのため、本研究では、DJWと他のライティング活動

と比較することで、今まで述べてきた指標の結果が、DJW独自のものであるかどうかを明確にすることにしたい。その対照活動は、DJWと比較する上で制約を加味しやすいことから「自由英作文」活動とする。以下で自由英作文の概要と本研究での利用について述べる。

4.4.1 自由英作文（Free writing: FW）

FWは、その活動概念としては、とても広い領域をカバーするものであり、そのためDJWとの比較する上で、制約を盛り込みやすく、本研究で比較する対照活動とした。FWは沖原（1985）では以下のように定義されている。

> 「「自由（英）作文」という用語は、free writing, free composition, creative writing, personal writing, expressive writing, writing for fun, process writingなど、英語では色々な呼び方があり、それぞれ微妙なニュアンスの違いをもって使われているようである。……FWは、内容に制限を置き、形式には制限を置かないGuided Writingの一部から、内容と形式の両方に全く制限を置かないProcess Writingに至るまでの領域をカバーしている」（p. 170）。

FWは、沖原が定義するように、広い領域をカバーする活動概念ではあるが、この概念に含まれる活動に共通する点は、「FWは、書く形式に何の制限も受けず、自他が与える主題に関して自己の思考・感情・経験を文レベル超えた単一または複数のパラグラフで表現し、他者に伝達する文字によるコミュニケーション」（p. 171）と定義されている。つまり、様々な制限であったり、テーマが教員から与えられたとしても、書く内容を学習者が自ら生み出す点が「自由」であるため、自由英作文と定義するゆえんだということである。

4.4.2　DJW と FW との違いと活動上の配慮

　本研究では、この FW は DJW との比較を考え、DJW と同じ時間内（15分）で行う、エッセイ・ライティングとしている。この二つのライティング活動の違いは、Flower & Hayes のライティング・プロセス・モデルに準拠すれば、外界とのやりとりを表す、「課題環境」に他者（教員）から直接的な働きがあるかどうかというところになる。FW は、プロセス・モデルのレトリック的状況の表象は、書き手のみで行わなければならない。これは普通の単独で行うライティング活動であり、ここでの状況表象は個々人によって大きく変わり、Flower & Hayes によれば、その表象の差がライティング・プロダクトの質にも違いを表していることになる。

　また活動上で留意する点は、DJW と活動が違ったとしても、テーマを考えるために時間を使ったり、普段考えていないようなテーマで、内容をまとめるのに時間を使うようなことでは比較する意図からはずれてしまうため、テーマ選びはできるだけ学生が書きやすいものになるよう工夫する必要がある。

4.5　その他の留意事項

　以上、本研究の目的に沿って文レベルまでの指標、テキストレベルの指標、そして他のライティングとの比較について述べてきた。最後に、DJW の先行研究で指摘した対象者数が少ない点と分析手法の不十分さについて述べておきたい。第2章でも指摘したように、今までの DJW 研究で一番多い対象者は、Duppenthaler（2004）で高校生の30名であった。本研究では、大学生を対象として同じ規模の学習者を対象とし、さらに二つの習熟度に分けて活動を行うことで、いままでの DJW 研究になかった規模で実施したいと考える。

　また分析手法に関しても、研究者の直感的な判断で結論づけられているものが多かったことを受けて、統計的分析の手法を本研究では取り入れる。手法としては、DJW と FW という対応のない二つの活動に対して、ライティング活動で産出されたプロダクトの指標という対応のある要因で

比較を行う、二要因反復測定の分散分析で行うこととしたい。

4.6　第4章のまとめ

本章では、本研究の仮説の検証方法、対象とする指標、質問項目について検討してきた。プロダクト分析に関して、文までのレベルでは、ライティングの発達という視点を重視し、Wolfe-Quintero et al. の研究を参考にしつつ、仮説を検証する指標として以下のものを選定した。

Ⅰ．文までのレベルの指標
1．平均語数（Total Number of Words: ANW）
2．節の長さ（Clause Length: CL）
3．T-unit 複雑性（T-unit Complexity: TC）
4．異なり語割合（Guiraud Index: GI）

テキストレベルでは、Kintsch のテキスト理解研究にもとづいて、以下の指標を分析の対象とすることにした。

Ⅱ．テキストレベルの指標
1．結束性→アーギュメント重複（Argument Overlap: AO）
2．首尾一貫性→潜在意味解析（Latent Semantic Analysis: LSA）

またテキストレベルの AO と LSA は、コンピュータで自動に算出される技術があるため、ウェブ上の分析ツール「Coh-Metrix」を利用することとした。

質問紙調査に関しては、仮説で提示した「有能感」「意欲」そしてライティングに関する「方略」で構成し、質問項目を確定した。

以上の指標を対象として、本研究では対照活動を利用して、分析で得られた結果が DJW 独自のものであるかどうかを明確にすることも重要な目的と考えている。そのため、本研究では、対照活動に自由英作文を利用し、

できるだけ教員と学習者間のやりとり以外に大きな違いが生じないように、ライティング活動を実施することとする。

第5章 ライティング・プロダクトの分析

　本章では、本研究の仮説検証のため、二つの異なったライティング活動である、DJW と FW を実施し、学習者によって産出されたライティング・プロダクトを対象にして量的分析を行う。

5.1 DJW・FW の実施について
　本節では、ライティング活動を実施するにあたり、実施対象者と実際のライティング活動について詳しく記述する。

5.1.1 実施対象者とその学習者群
　DJW・FW の両ライティング活動は、二つの大学（P 大学と N 大学）の 1 年生の英語授業内で実施した。各授業の登録者数は、P 大学は 30 名、N 大学は 40 名であるが、途中欠席したり、遅刻したりするなど、何らかの事情で、一回以上ライティング活動を行えなかった学習者のデータを取り除き、以下の四つの学習者群に分けた（以下、P 大学を PU、N 大学を NU という略称で表記する）。

P 大学の DJW 群：DJW-PU（$n = 27$）
P 大学の FW 群：FW-PU（$n = 27$）
N 大学の DJW 群：DJW-NU（$n = 26$）
N 大学の FW 群：FW-NU（$n = 26$）

5.1.2 各学習者群の英語力

ライティング活動前に実施された TOEFL-ITP テストで、PU の学習者群の英語力は、DJW-PU の平均が 452.96、FW-PU の平均が 453.21 であった。また NU の学習者群の英語力は、DJW-NU の平均が 475.46、FW-NU の平均が 489.07 であった。(表 5-1、図 5-1)。ETS は TOEFL-ITP スコアに基づいた学習者レベルの資料を出していないが、TOEFL-PBT と TOEIC の比較研究 (鳥飼, 2002) によれば、この PU 群、NU 群の平均スコアは、ともに TOEIC の 5 段階レベルの中間にあたるレベル C に該当している[6]。また TOEFL-PBT と Common European Framework of Reference for Languages (CEFR) の比較研究 (Tannenbaum & Wylie, 2004) によれば、PU 群、NU 群の平均スコアは、ともに中級を意味する CEFR の B レベルに位置している[7]。これらの研究を参考にして、本研究で対象とする PU 群、NU 群は、どちらも中級学習者層にあると考えていいだろう。

表 5-1 学習者群と TOEFL スコア

	N	M	SD	最小値	最大値
DJW-PU	27	452.96	37.55	367	519
FW-PU	27	453.21	25.39	406	491
DJW-NU	26	475.46	30.51	417	523
FW-NU	26	489.07	18.01	450	523
合計	106	467.81	32.22	353	523

---

6) TOEIC テストを開発・制作した Educational Testing Service (ETS) は Proficiency Scale を、レベル A ～レベル E の 5 段階に区分し、それぞれレベル A が 860 以上、レベル B が 730 以上、レベル C が 470 以上、レベル D が 220 以上、それ以下がレベル E と公表している (国際ビジネスコミュニケーション協会, 2011)。

7) CEFR は、英語力を大きく A レベル、B レベル、C レベルの三段階に分け、A レベルを初級、B レベルを中級、C レベルを上級と位置づけている (Council of Europe, 2001)。

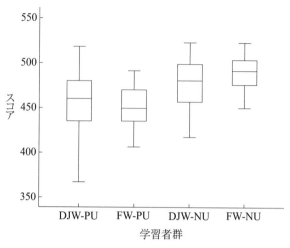

図 5-1　TOEFL スコアの箱ひげ図

5.1.3　学習者群の習熟度の差

両群とも中級学習者層にあるわけだが、その層の中においても両群に習熟度の差があるかどうかを確認するため、Kruskal-Wallis の検定で正規分布、Levene の等分散性の検定で等分散性を検定し、それらが確認された後、一元配置の分散分析を行った。その結果 $F(3, 107) = 10.78, p < .01$ となり、学習者群間に有意差があることが分かった（表 5-2）。

表 5-2　TOEFL スコアの分散分析表

	SS	df	MS	F	p
学習者群間	25804.28	3	8601.43	10.78	.00
学習者群内	85338.28	107	797.55		
合計	111142.56	110			

さらに Tukey の方法で多重比較を行ったところ、それぞれ PU 群内、NU 群内では有意差はなかった（表 5-3-a）。一方、同じ活動の習熟度間には、有意差があり、両活動とも NU 群が PU 群に対して高かった（表 5-3-b）。

以上の結果から、ライティング活動前の NU 群の学習者（DJW-NU と

表 5-3　多重比較表

5-3-a		5-3-b	
	p		p
PU：DJW ＝ FW	1.00	DJW：PU ＜ NU	.02*
NU：DJW ＝ FW	.28	FW ：PU ＜ NU	.00**

*$p < 0.05$,　**$p < 0.01$

FW-NU）と PU 群の学習者（DJW-PU と FW-PU）の習熟度には、統計的に違いがあり、NU 群が PU 群に対して高いことが分かった。

　以降、本研究では、PU 群と NU 群の英語力について、大きく学習者層というレベルでは、両群とも中級者に属するが、両群のスコア分布に統計的に差が認められたことから、「習熟度が異なる学習者群」とし、PU 群は習熟度が低く、NU 群は習熟度が高い学習者群として扱うこととする。

5.2　実施方法

　DJW 群と FW 群では「交換する」、「教員の介入」という DJW の特色以外では同じ方法でライティング活動を実施し、DJW における交換が、両活動の違いの主要因となるように実施することとする。本節では、両活動に共通した事項と異なった事項を述べる。

5.2.1　両活動に共通した事項

5.2.1.1　実施回数・活動時間

　両群とも、DJW・FW を大学一年生の 4 月～7 月までの週一回の英語授業を利用して、実施した。実施回数は、授業の導入・授業説明、試験、諸行事などを除き、どの学習者群でも確実に実施できる回数として 9 回と設定し、行った。ライティングの活動時間は、毎回授業の最初の 15 分間とした。15 分が経過した後、書くのを止め、各自書き込んだ語数を数え、さらに感想欄に活動中に考えたこと、思ったことを書き込むようにした。DJW、FW ともに、辞書使用は可として、ライティング活動を行った。

5.2.1.2 授業担当者とライティング担当者

　ライティング活動で学習者と応答をするライティング担当者は、どの学習者群に対しても、著者が行い、その点で差が生まれないようにした。しかし、ライティング活動を行う英語授業の担当は同一ではなく、PU群では、著者が担当した「総合英語」で行い、NU群では、著者ではない教員のアカデミック・ライティングを中心とした英語授業で、ライティング活動を行った。そのためNU群では、英語授業のはじめの20分程度の時間を利用させてもらい、著者がDJWとFWを実施するという方法でライティング活動を行った。

5.2.1.3 実施に使用したライティング用ジャーナル

　DJW・FW両群とも、同形式のライティング用ジャーナルを作成し、最初のライティング活動の際に、一人一冊ずつ配布し、そのジャーナルを継続的に使用するようにした。

5.2.2 両活動で異なる事項
5.2.2.1 DJWの活動手順

　初回のDJWで、ライティング活動の説明を行い、ジャーナルを配布して、初回の書き込みをする。初回の書き込みでは、何を書いてもよいと指示するが、それが難しいという学習者も多数いるので、書くことが思い浮かばない場合は、「自己紹介」あるいは「大学に入学して」ということを書くように指導した。学習者は、15分間ライティング活動を行い、終了後、語数を数え、感想の書き込みをしてライティング活動を終える。その後、教員がジャーナルを回収し、翌週までにレスポンスを書き込み、次の授業でレスポンスを書き込んだジャーナルを返却する。学習者はそのレスポンスを読み、新しく書き始める、という手順でDJWのライティング活動を継続していく。

5.2.2.2 FW の活動手順

初回の FW の活動で、ライティング活動の説明を行い、ジャーナルを配布して、初回の書き込みをする。初回は「自己紹介」をテーマとした。二回目以降は、テーマ選びなどで時間を使うことがこの研究の意図にそぐわないため、できるだけ書きやすいものにするため、常に教員がテーマを一つ用意し、自分でテーマを設定するか、教員が用意したテーマを参考にするかという方法をとった。教員が用意したテーマは、一覧（資料2）のようなもので、二つの FW-NU と FW-PU のそのときの雰囲気や学内行事と平行して提案した。

5.2.2.3 英語授業の違い

どのライティング活動に対しても応答する教員は、すべて著者が対応することができたが、前述したように、授業担当者は、統一することができず、また授業内容も同じものとすることはできなかった。PU 群では、四技能を広く扱う「総合英語」の授業内でライティング活動を実施した。一方、NU 群では、アカデミック・ライティング指導を中心とした、英語授業でライティング活動を実施した。

5.3 分析方法について

上述した DJW-PU 群と DJW-NU 群には、DJW を、FW-PU 群と FW-NU 群には、FW を上記の活動方法で、ライティング活動をすることで、二つの異なったライティング活動のライティング・プロダクトを集めることができた。本節では収集したプロダクトを、どのような手順で分析を行っていくかという方法について述べる。

5.3.1 ライティング・プロダクトのテキストファイル化

本研究では、学習者のライティング・プロダクトを、コンピュータを用いて分析を行うため、すべてのプロダクトを、テキストファイルとして入力した。ファイル作成方法は、一人一回の活動で書いたプロダクトを、1

つのテキストファイル（拡張子 .txt）として打ち込み、一人につき 9 個のテキストファイルを作成する。学習者には、各自固有の ID 番号を与え、それぞれのテキストファイルが、誰の何番目のライティング・プロダクトかが分かるように、ファイルネームを作成した。

その結果、DJW-PU（N=27）は 243 個、FW-PU（N=27）も 243 個、DJW-NU（N=26）は 234 個、FW-NU（N=26）も 234 個、合計 954 個のテキストファイルが作成され、本研究ではそれらを対象として量的分析を行った。

誤った表現については、前章で言及した Polio の方針を受け入れ、誤りをできるだけ許容した。分析に当たっては Coh-Metrix を使用するため、誤った綴りなどをそのまま入力すると認識できないため、できるだけ誤った表現は修正しながら入力することとした。

5.3.2 文レベルまでとテキストレベルの指標の算出方法

本研究のライティング・プロダクトを分析の対象とする指標は、以下の文レベルまでの四つの指標と、テキストレベルの二つの指標である。

【文レベルまでの指標】
・「流ちょうさ」：平均語数（ANW）、節の長さ（CL）
・「複雑さ（文法）」：T-unit 複雑性（TC）
・「複雑さ（語彙）」：ギロー指数（調整された異なり語割合）」（GI）
【テキストレベルの指標】
・「結束性」：アーギュメント重複（AO）
・「首尾一貫性」：潜在意味解析（LSA）

以下で、上記の指標の算出方法を述べる。

ANW はワープロソフト（MS ワード）の「文字カウント」を使用した。

節と T-unit は自動で算出する方法がないため、著者が手でカウントした。カウントの信頼性を確認するため、一人の日本人大学英語教員に、全プロ

ダクトからランダムに抽出した 20 個の作文の節と T-unit をカウントしてもらい、著者がカウントしたものとの級内相関係数（Intraclass correlation coefficients, ICC）を調べ、両者のカウントの信頼性を確かめた（対馬, 2007）。結果は、節の ICC が 0.98、T-unit の ICC が 0.99 となり、両者の節と T-unit のカウントについて、高い信頼性を得ることができた。

異なり語数は、WordSmith Tools の WordList で算出される types を利用した。

AO・LSA は前章で言及した Coh-Metrix によって産出できるため、そこで得られた値を利用した。Coh-Metirx は 1 つ 1 つのテキストを入力して、指標を得る作業が必要なため、全てのテキストファイル化されたプロダクトを入力し、指標を得た。また前章で指摘したように、DJW は 1 回の書き込みに複数のトピックが含まれている場合もあるので、AO と LSA は一つ一つのトピックを入力して指標算出を行った。

5.3.3 分析に使用したコンピュータソフト・プログラム

本研究で使用したコンピュータソフト・プログラムは、入力に使用した MS ワード（Microsoft Word 2007）、異なり語数の算出ための WordSmith ToolsVer. 5（Michael Scott 氏）、AO、LSA 指標算出に利用した Coh-Metrix（Ver 2.1）と、文レベルまでとテキストレベルの指標を統計的に分析するために、PASW Statistics（IBM SPSS Statistics）18 Base と同 Advanced Statistics を使用した。

5.3.4 習熟度の扱いについて

本研究で比較分析の対象とするのは、同じ英語指導者が担当した同習熟度内の DJW と FW（DJW-NU と FW-NU ／ DJW-PU と FW-PU）とする。本研究で、二つの習熟度を対象とした理由は、習熟度が異なっても、分析によって同一の傾向が見られた場合、そのライティング活動の効果がより妥当性を持つことができるためである。そのため、異なった習熟度の学習者群を対象としてライティング活動を行い、できる限り同一の条件で行った。し

かし、前述したように、英語授業指導者と授業内容が異なり、半期の期間で行われたライティング活動は、間接的にライティング・プロダクトにも影響を与えていると考えられるため、NU 群と PU 群を比較することは、慎重に考え、あくまでも同一指導者が担当した同じ習熟度内における比較分析を本研究では中心とした。ただし、分析結果を検討する際、参考として習熟度を越えて比較し、補足することもある。

5.4 文レベルまでの指標分析

上述した手順でテキスト入力、指標算出したものを対象に、DJW と FW を比較しながら統計的分析を行った。まず本節では、語彙・文レベルの指標「ANW」「CL」「TC」「GI」の 4 つの指標の比較分析を統計的に行う。

5.4.1 統計の分析方法

2 つのライティング活動の各指標の変化を比較分析するため、本研究では、活動の違いを被験者間要因、活動経過による変化を被験者内要因とする二要因分散分析で分析する。被験者間要因は、DJW、FW という活動の違いを対象とするため 2 水準とする。被験者内要因は、経過による指標の変化を対象とするが、九回のデータをそのまま対象とすると、細かな変動がノイズとして働き、変化全体の分析の妨げとなる可能性があるため、全九回を三期に分け、各期の平均を対象とする 3 水準とする（馬場, 2005）。具体的には、全九回の内、1 回目～3 回目までを「前期」、4 回目～6 回目までを「中期」、そして 7 回目～9 回目までを「後期」として、三期に分けることとする。本研究は、このような 2×3 による二要因反復測定の分散分析を行うこととする。

本研究が対象とする一定間隔をおき、同じ学習者が書き込んだプロダクトの指標は「経時的データ」であり、被験者内の各水準に系列相関があることから、F 値が大きくなりやすく、その結果有意差が出やすくなる問題が以前から指摘されている（丹後, 2002; 千野, 1993）。このことは、本研究と同じように、教育や医療、ビジネスなど、同一の学習者や患者、消費者

を対象として縦断的に研究する分野ではかねてから指摘されていることである（繁桝、柳井、森、2008; 丹後, 2002; LaTour & Miniard, 1983）。反復測定データの分散分析は、このように様々な領域で利用されていることから、系列相関に対する対処手法も確立されており、まず分散分析の前提である「球面性仮定（循環性仮定）」（Huynh & Feldt,1970）を検定し、仮定が成立すれば通常の分散分析を行い、仮定が成立しない場合は、球面性からの逸脱の程度を表す係数 ε を用いて自由度を修正する手法が一般的となっている（千野, 1993; Greenhouse & Geisser, 1959; Huynh & Feldt,1970）。

以上のことから、本研究も先行研究に従い、各指標の分散分析を行う前に、分散分析の前提となる球面性仮定を「Mauchly の球面性検定」で確認することとする（千野, 1993）。球面性検定の結果が有意水準 0.05 を上回っている場合、帰無仮説が棄却されないため球面性仮定が成立し、調整を行わない分散分析の結果を考察対象とすることとする。一方、検定の結果、有意水準を下回り、帰無仮説を棄却できない場合、球面性仮定が成り立たないので、自由度を調節した分散分析の結果を考察の対象とする。自由度を調節する ε は、多くの研究で利用されている Greenhouse-Geisser の ε を本研究では用いる（千野, 1993, 1994; Greenhouse & Geisser, 1959）。

なお、第一要因は、DJW と FW というライティング活動の違いとし、この要因は、対応のない2水準で、「活動」要因と呼ぶ。第二要因は、三つに分けた各期の平均値とし、この要因は、対応のある3水準で、「経過」要因と呼ぶ。以下、各項目別に分析結果を提示する。

5.4.2 平均語数（ANW）の比較分析
5.4.2.1 PU 群の分析結果

PU 群の DJW-PU と FW-PU の各回における ANW の平均、標準偏差は表 5-4 のようになった。また、この ANW の平均の推移をプロットし、回帰直線を引くと、図 5-2 のようになる。

前節で述べたように分散分析は、全九回を三期に分けるため、上記の指標値を、三期に分け、各期の平均と標準偏差を算出した（表 5-5）。次にこ

表 5-4　PU 群の ANW の各回の平均と標準偏差

		1	2	3	4	5
DJW-PU	M	76.4	79.6	74.5	82.0	84.0
	SD	14.6	17.3	17.0	17.5	18.0
FW-PU	M	75.3	81.2	80.3	82.0	83.3
	SD	14.9	16.2	19.0	22.2	18.1
		6	7	8	9	M
		82.2	84.2	95.7	103.5	84.7
		15.8	15.7	16.6	11.6	16.0
		88.3	81.0	86.8	87.0	82.8
		25.0	26.3	24.4	19.1	22.0

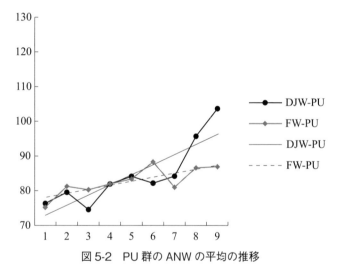

図 5-2　PU 群の ANW の平均の推移

の三期の指標値が、分散分析の前提を満たすかどうかを確認するため Mauchly の球面性検定を行うと、$p > .05$ で、球面性の仮定が成り立つことが確認できた。その後、分散分析を行い、その結果、交互作用（$F(2, 104) = 7.10, p < .01$）、経過の主効果（$F(2, 104) = 22.74, p < .01$）が有意であったが、活動の主効果（$F(1, 52) = .25, ns$）は有意ではなかった（表 5-6）。

交互作用が有意であるため、対応のある要因（経過）の単純主効果の検

定を行ったところ、DJW-PU（$F(2, 104) = 25.23, p < .01$）も、FW-PU（$F(2, 104) = 3.81, p < .05$）も有意であった。その後、ボンフェローニの補正法（$p = .05/n, p < .016$）による有意水準で、多重比較法を行い（竹原, 2007）、DJW-PU の前期と後期、中期と後期の間に有意差が認められ、後半に高くなっていることが確認できた。また、FW-PU は、前期と後期の間のみに有意差が認められ、全体になだらかに上昇していることが分かった。次に対応のない要因（活動）の単純主効果の検定を行ったところ、2 水準のため多重比較法の必要はなく（田中, 1996）、5% 水準で後期において有意差が認められ、平均の比較から DJW-PU が高いことが分かった。

表 5-5　PU 群の ANW の各期の平均と標準偏差

		前期	中期	後期
DJW-NU	M	76.8	82.8	94.4
	SD	13.7	13.5	11.1
FW-NU	M	78.9	84.5	85.0
	SD	14.1	20.6	18.8

表 5-6　PU 群の ANW の分散分析表

要因	SS	df	MS	F	p
活動	142.67	1	142.67	0.25	.62
誤差	30090.62	52	578.67		
経過	3759.81	2	1879.91	22.74	.00
活動×経過	1174.34	2	587.17	7.10	.00
誤差	8599.15	104	82.68		

5.4.2.2　NU 群の分析結果

NU 群の DJW-NU と FW-NU の各回における ANW の平均、標準偏差は表 5-7 のようになった。また、この ANW の平均の推移をプロットし、回帰直線を引くと、図 5-3 のようになった。

分散分析の対象となる三期の平均と標準偏差は表 5-8 となり、Mauchly の球面性検定の結果、$p > .05$ で、球面性の仮定が成り立ち、分散分析の前

表 5-7　NU 群の ANW の各回の平均と標準偏差

		1	2	3	4	5	6	7	8	9	M
DJW-NU	M	99.73	88.46	97.62	104.42	109.08	109.62	108.85	120.92	116.81	106.2
	SD	22.030	22.993	23.495	24.195	23.117	22.537	24.489	23.011	30.263	24.0
FW-NU	M	91.88	96.92	98.73	101.62	94.35	98.12	88.27	99.81	95.96	96.2
	SD	26.946	25.464	24.375	29.284	24.428	23.769	20.633	23.530	23.434	24.7

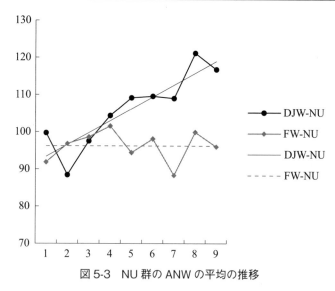

図 5-3　NU 群の ANW の平均の推移

提は満たされていた。分散分析の結果、交互作用（$F(2, 100) = 16.37, p < .01$）、経過の主効果（$F(2, 100) = 14.21, p < .01$）が有意で、活動の主効果（$F(1, 50) = 3.20, p = .08$）は有意傾向を表していた（表 5-9）。

　交互作用が有意であるため、対応のある要因（経過）の単純主効果の検定を行ったところ、DJW-NU（$F(2, 100) = 29.76, p < .01$）が有意であった。

その後、有意水準を $p = .016$（ボンフェローニの補正法）として多重比較法を行ったところ、DJWでは前期＜中期＜後期となり、活動の経過にともなって平均語数が向上したことが分かった。また対応のない要因（活動）の単純主効果の検定を行ったところ、5％水準で有意差が認められ、後期においてDJW-NUが高いことが分かった。

表5-8　NU群のANWの各期の平均と標準偏差

		前期	中期	後期
DJW-NU	M	95.3	107.7	115.5
	SD	20.3	19.6	23.1
FW-NU	M	95.8	98.0	94.7
	SD	23.1	23.4	19.5

表5-9　PU群のANWの分散分析表

要因	SS	df	MS	F	p
活動	3886.68	1	3886.68	3.20	.08
誤差	60720.83	50	1214.42		
経過	2591.54	2	1295.77	14.21	.00
活動×経過	2984.96	2	1492.48	16.37	.00
誤差	9116.76	100	91.17		

5.4.2.3　ANWの分析について

　ANWの分析では、二つの習熟度の学習者群両方において、DJWのANWはFWと比較して語数が伸びることが分かった。また、両習熟度において交互作用があることから、DJWのANWの増加の仕方がFWと異なり、大きく増加していることが、統計的に明らかになった。多重比較法の結果から、DJW-PUでは後半に、そしてDJW-NUにおいては全般的にANWが伸びていることが統計的に確認できた。

5.4.3 節の長さ（CL）の比較分析

5.4.3.1 PU 群における分析結果

PU 群の DJW-PU と FW-PU の各回における CL の平均、標準偏差は表 5-10 のようになった。また、この CL の平均の推移をプロットし、回帰直線を引くと、図 5-4 のようになる。

表 5-10　PU 群の CL の各回の平均と標準偏差

		1	2	3	4	5
DJW-PU	M	6.550	7.114	6.951	6.729	6.707
	SD	.788	1.676	1.116	1.229	.805
FW-PU	M	6.685	7.471	6.595	6.463	6.807
	SD	1.171	1.333	1.266	1.117	1.223
		6	7	8	9	M
		6.694	6.798	6.569	7.182	6.810
		1.079	1.039	.914	1.166	1.090
		7.405	6.434	6.904	6.932	6.855
		.976	1.419	1.557	1.940	1.344

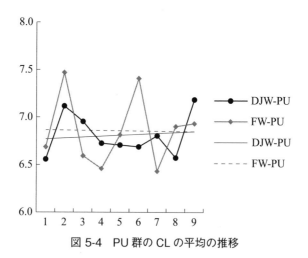

図 5-4　PU 群の CL の平均の推移

分散分析の対象となる三期の平均と標準偏差は表 5-11 となり、Mauchly の球面性検定の結果、p >.05 で、球面性の仮定が成り立ち、分散分析の前提は満たされていた。分散分析の結果、交互作用（$F(2, 104) = .80, ns$）、経過の主効果（$F(2, 104) = .48, ns$）、活動の主効果（$F(1, 52) = .08, ns$）は、いずれも有意ではなかった（表 5-12）。

表 5-11　PU 群の CL の各期の平均と標準偏差

		前期	中期	後期
DJW-PU	M	6.87	6.71	6.85
	SD	0.75	0.76	0.66
FW-PU	M	6.92	6.89	6.76
	SD	0.71	0.71	0.88

表 5-12　PU 群の CL の分散分析表

要因	SS	df	MS	F	p
活動	.08	1	.08	.08	.78
誤差	53.88	52	1.04		
経過	.31	2	.15	.48	.62
活動×経過	.51	2	.25	.80	.45
誤差	33.06	104	.32		

5.4.3.2　NU 群における分析結果

NU 群の DJW-NU と FW-NU の各回における CL の平均、標準偏差は表 5-13 のようになった。また、この CL の平均の推移をプロットし、回帰直線を引くと、図 5-5 のようになる。

分散分析の対象となる三期の平均と標準偏差は表 5-14 となり、Mauchly の球面性検定の結果、$p > .05$ で、球面性の仮定が成り立ち、分散分析の前提は満たされていた。分散分析の結果、交互作用（$F(2, 100) = 1.38, ns$）、活動の主効果（$F(1, 50) = .67, ns$）は有意ではなく、経過の主効果（$F(2, 100) = 2.59, p = .08$）は有意傾向を示していた（表 5-15）。

表 5-13　NU 群の CL の各回の平均と標準偏差

		1	2	3	4	5
DJW-NU	M	6.746	7.504	7.512	7.327	7.410
	SD	.958	1.701	1.148	2.030	1.820
FW-NU	M	7.276	7.002	7.491	7.621	7.826
	SD	1.221	1.062	1.311	1.338	1.318
		6	7	8	9	M
		7.335	7.031	7.742	7.554	7.351
		1.271	1.260	1.410	1.102	1.411
		7.901	7.820	7.752	6.891	7.509
		1.216	1.666	1.657	1.177	1.32

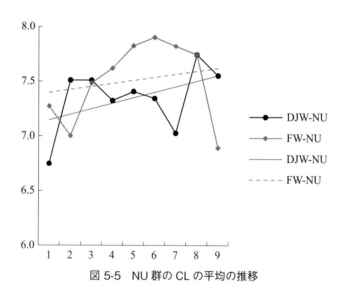

図 5-5　NU 群の CL の平均の推移

表 5-14　NU 群の CL の各期の平均と標準偏差

		前期	中期	後期
DJW-NU	M	7.25	7.36	7.44
	SD	0.81	1.09	0.83
FW-NU	M	7.26	7.78	7.49
	SD	0.83	0.72	1.11

表 5-15　NU 群の CL の分散分析表

要因	SS	df	MS	F	p
活動	.97	1	.97	.67	.42
誤差	73.05	50	1.46		
経過	2.67	2	1.33	2.59	.08
活動×経過	1.42	2	.71	1.38	.26
誤差	51.44	100	.51		

5.4.3.3　CL の分析について

ANW を補完する意味で行った CL の分析であるが、統計的に特徴のある結果を得ることができなかった。NU 群で、経過の主効果が有意傾向を示していたが、グラフからも明らかなように、CL の変動の大きさが原因であると考えられる。

5.4.4　T-unit 複雑性（TC）の比較分析
5.4.4.1　PU 群における分析結果

PU 群の DJW-PU と FW-PU の各回における TC の平均、標準偏差は表 5-16 のようになった。また、この TC の平均の推移をプロットし、回帰直線を引くと、図 5-6 のようになる。

分散分析の対象となる三期の平均と標準偏差は表 5-17 となり、Mauchly の球面性検定の結果、$p > .05$ で、球面性の仮定が成り立ち、分散分析の前提は満たされていた。分散分析の結果、交互作用（$F(2, 104) = 3.34, p < .05$）は有意で、活動の主効果（$F(1, 52) = 3.47, p = .07$）は有意傾向を示し、

表 5-16 PU 群の TC の各回の平均と標準偏差

		1	2	3	4	5
DJW-PU	M	1.228	1.137	1.198	1.280	1.263
	SD	.267	.181	.148	.262	.312
FW-PU	M	1.328	1.300	1.342	1.201	1.364
	SD	.277	.333	.425	.176	.254

		6	7	8	9	M
DJW-PU	M	1.262	1.226	1.293	1.233	1.236
	SD	.272	.145	.250	.144	.220
FW-PU	M	1.213	1.281	1.350	1.321	1.300
	SD	.217	.213	.300	.207	.267

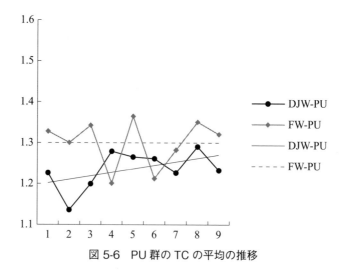

図 5-6 PU 群の TC の平均の推移

経過の主効果（$F(2, 104) = .53$, ns）は有意ではなかった（表 5-18）。

交互作用が有意であるため、対応のある要因（経過）の単純主効果の検定を行ったところ、DJW-PU（$F(8, 416) = 1.11$, ns）も、FW-PU（$F(8, 416) = 1.70$, ns）も有意ではなかった。また対応のない要因（活動）の単純主効果の検定を行ったところ、5% 水準で前期において有意差が認められ、FW-PU が

高かった。グラフの回帰線からも、FW-PU の TC が伸びているのではなく、DJW-PU の TC がわずかながら向上していることが活動の主効果に有意が認められる原因となっている。

表 5-17　PU 群の TC の各期の平均と標準偏差

		前期	中期	後期
DJW-PU	M	1.19	1.27	1.25
	SD	.10	.21	.14
FW-PU	M	1.32	1.26	1.32
	SD	.24	.15	.18

表 5-18　PU 群の TC の分散分析表

要因	SS	df	MS	F	p
活動	.17	1	.17	3.47	.07
誤差	2.52	52	.05		
経過	.02	2	.01	.53	.59
活動×回数	.14	2	.07	3.34	.04
誤差	2.19	104	.02		

5.4.4.2　NU 群の分析結果

NU 群の DJW-NU と FW-NU の各回における TC の平均、標準偏差は表 5-19 のようになった。また、この TC の平均の推移をプロットし、回帰直線を引くと、図 5-7 のようになる。

分散分析の対象となる三期の平均と標準偏差は表 5-20 となり、Mauchly の球面性検定の結果、$p > .05$ で、球面性の仮定が成り立ち、分散分析の前提は満たされていた。分散分析の結果、交互作用（$F(2, 100) = 4.03, p < .05$）、活動の主効果（$F(1, 50) = 5.86, p < .05$）、経過の主効果（$F(2, 100) = 11.51, p < .01$）はいずれも有意であった（表 5-21）。

交互作用が有意であるため、対応のある要因（経過）の単純主効果の検定を行ったところ、FW-NU（$F(2, 100) = 13.36, p < .01$）が有意であり、有意水準を $p = .016$（ボンフェローニの補正法）とした多重比較法の結果、FW-

表 5-19　NU 群の TC の各回の平均と標準偏差

		1	2	3	4	5
DJW-NU	M	1.181	1.238	1.277	1.296	1.334
	SD	.163	.226	.192	.182	2.006
FW-NU	M	1.220	1.187	1.422	1.234	1.463
	SD	.156	.165	.273	.206	.324
		6	7	8	9	M
		1.246	1.300	1.273	1.300	1.272
		.192	.183	.199	.185	.392
		1.264	1.397	1.366	1.559	1.346
		2.17	.329	.334	.226	.248

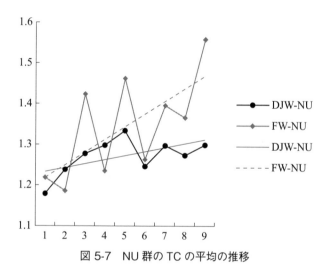

図 5-7　NU 群の TC の平均の推移

NU では後期が前期、中期にいずれに対しても高かった。また対応のない要因（活動）の単純主効果を検定したところ、5% 水準で後期において有意差が認められ、FW-NU が高いことが分かった。

表 5-20　NU 群の TC の各期の平均と標準偏差

		前期	中期	後期
DJW-NU	M	1.23	1.29	1.29
	SD	.12	.14	.13
FW-NU	M	1.28	1.32	1.44
	SD	.14	.17	.18

表 5-21　NU 群の TC の分散分析表

要因	SS	df	MS	F	p
活動	.21	1	.21	5.86	.02
誤差	1.82	50	.04		
経過	.32	2	.16	11.51	.00
活動×経過	.11	2	.06	4.03	.02
誤差	1.41	100	.01		

5.4.4.3　TC の分析について

　文法的な複雑さとして、T-unit の中でどれだけ多くの節が使われるかに着目した TC であるが、PU 群では、交互作用が有意であったが、単純主効果の検定の結果、回数を重ねたことによって、TC が伸びたとは言えなかった。一方、NU 群でも、交互作用が有意となったが、NU 群では単純主効果の分析の結果、有意に FW の TC が伸びていることが分かった。このことから、習熟度が高い学習者群において、FW の指導で回数を重ねることで節数の多い、より複雑な文を書くようになっていくことが分かった。

5.4.5　異なり語割合（GI）の比較分析
5.4.5.1　PU 群の分析結果

　PU 群の GI 平均と標準偏差は表 5-22 のようになり、また、それぞれの平均をグラフとしてプロットし、回帰直線を引いたところ、図 5-8 のようになった。

表 5-22　PU 群の GI の各回の平均と標準偏差

		1	2	3	4	5
DJW-PU	M	5.933	6.107	5.969	5.981	6.067
	SD	.499	.486	.664	.586	.744
FW-PU	M	5.684	1.300	5.640	5.423	5.779
	SD	.861	.333	.864	.894	.872
		6	7	8	9	M
		5.968	6.149	6.238	6.510	6.102
		.699	.480	.613	.573	.594
		5.736	5.413	5.339	5.647	5.591
		.603	.754	.927	.754	.805

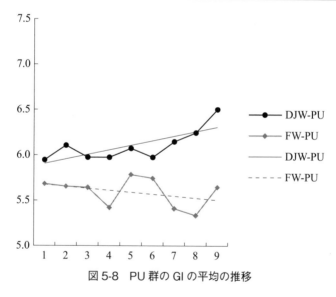

図 5-8　PU 群の GI の平均の推移

　分散分析の対象となる三期の平均と標準偏差は表 5-23 となり、Mauchly の球面性検定の結果、$p > .05$ で、球面性の仮定が成り立ち、分散分析の前提は満たされていた。分散分析の結果、交互作用（$F(2, 104) = 10.78, p < .01$）、活動の主効果（$F(1, 52) = 14.25, p < .01$）で有意であったが、経過の主効果（$F(2, 104) = .55, ns$）は有意ではなかった（表 5-24）。

交互作用が有意であるため、対応のある要因（経過）の単純主効果の検定を行ったところ、DJW-PU $(F(2, 104)= 8.10, p < .01)$、FW-PU $(F(2, 104)= 3.24, p < .05)$ とも有意であり、有意水準を $p = .016$（ボンフェローニの補正法）とした多重比較法の結果、DJW-PU において、後期が前期、中期それぞれに対して高いことが分かった。また対応のない要因（活動）の単純主効果の検定を行ったところ、5%水準で後期において有意差が認められ、DJW-PU が高いことが分かった。

表 5-23　PU 群の GI の各期の平均と標準偏差

		前期	中期	後期
DJW-PU	M	6.00	6.01	6.30
	SD	.42	.52	.39
FW-PU	M	5.66	5.65	5.47
	SD	.65	.62	.68

表 5-24　PU 群の GI の分散分析表

要因	SS	df	MS	F	p
活動	10.62	1	10.61	14.25	.00
誤差	38.72	52	.74		
経過	.11	2	.05	0.55	.58
活動×経過	2.08	2	1.04	10.78	.00
誤差	10.05	104	.10		

5.4.5.2　NU 群の分析結果

NU 群における GI の平均、標準偏差は表 5-25 のようになり、また、それぞれの平均をグラフとしてプロットし、回帰直線を引いたものは、図 5-9 のようになった。

分散分析の対象となる三期の平均と標準偏差は表 5-26 となり、Mauchly の球面性検定の結果、$p > .05$ で、球面性の仮定が成り立ち、分散分析の前提は満たされていた。分散分析の結果、交互作用 $(F(2, 100)= 6.18, p < .01)$、活動の主効果 $(F(1, 50)= 6.39, p < .05)$、経過の主効果 $(F(2, 100)= 8.82,$

表5-25 NU群のGIの各回の平均と標準偏差

		1	2	3	4	5
DJW-NU	M	6.332	5.993	6.125	6.349	6.306
	SD	.682	.773	.664	.735	.690
FW-NU	M	6.127	6.081	6.001	6.193	5.860
	SD	.547	5.24	.583	.617	.518
		6	7	8	9	M
		6.549	6.387	6.759	6.688	6.388
		.697	.517	5.10	.748	.668
		6.203	5.995	6.293	6.045	6.089
		.587	.565	.690	.540	.574

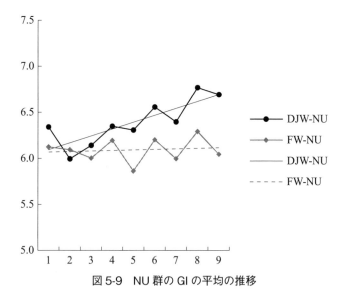

図5-9 NU群のGIの平均の推移

$p < .01$）はいずれも有意であった（表5-27）。

　交互作用が有意であるため、対応のある要因（経過）の単純主効果の検定を行ったところ、DJW-NU（$F(2, 100) = 14.89, p < .01$）が有意であり、有意水準を p = .016（ボンフェローニの補正）で多重比較を行ったところ、中

期が前期に比べて高かった。また対応のない要因（活動）の単純主効果を検定したところ、5% 水準で中期と後期において有意差が認められ、DJW-NU が高いことが分かった。

表 5-26　NU 群の GI の各期の平均と標準偏差

		前期	中期	後期
DJW-NU	*M*	6.332	5.993	6.125
	SD	.682	.773	.664
FW-NU	*M*	6.127	6.081	6.001
	SD	.547	.524	.583

表 5-27　NU 群の GI の分散分析表

要因	SS	df	MS	F	p
活動	3.49	1	3.49	6.39	.01
誤差	27.31	50	.55		
経過	1.65	2	.82	8.82	.00
活動×経過	1.15	2	.58	6.19	.00
誤差	9.33	100	.09		

5.4.5.3　GI の分析について

　語彙の多様性に着目した GI について、PU 群、NU 群どちらとも交互作用が有意であり、DJW の GI が高いことが分かった。先行研究で取り上げられていなかった、DJW の語彙の多様性であるが、予測した通り FW と比べ多様な語彙使用が増加しているところから、DJW が語彙の多様化に良い影響を与えるライティング活動であることが明らかになった。

5.4.6　文レベルまでの指標分析のまとめ

　以上で文レベルまでの指標 ANW、CL、TC、GI について、DJW と FW を比較する統計的分析を行った。統計的に有意差が認められたのは、ANW、TC と GI であり、ANW と GI では DJW の値が FW より増加し、TC については、FW-NU が DJW-NU より増加することが分かった。ANW

については、先行研究からその増加が指摘されていたわけだが、二つの異なる習熟度の学習者群において、FW に比べて増加していることが、本研究の統計的分析によって明らかになった。

また、先行研究では検討されていなかった異なり語の割合は、教員の介入や様々なトピックを DJW が扱うことから、FW より値が高いのではないかと予測していたが、本分析から、両活動間の値の開きが徐々に大きくなっていたことからも、DJW は FW に比べ異なった語彙を多用する活動であることが明らかになった。

一方、TC に関して、PU 群、NU 群両方で交互作用が有意であり、FW が DJW よりも高いことが特徴であった。多重比較法の結果、PU 群では、FW の TC が向上していることは認められなかったが、NU 群では FW が回数を重ねることで DJW に対して TC を高めることが分かった。この点は本研究で検証したいと考えていた点であり、どのように解釈するかは、結果の考察で行いたい。

最後に、流ちょうさのもう一つの指標であった節の長さ（CL）に関しては、統計的に特色のある結果を得ることはできなかった。全九回をプロットした図 5-4、5-5 からも、CL は上下の動きが大きく、回数を重ねたからといって、値が高くなるとは言えない結果だった。

5.5　テキストレベルの指標分析

前節において文レベルまでの比較分析を終えた。次にテキストレベルの指標である結束性と首尾一貫性を、それぞれ AO と LSA の比較分析を行うことで検討したい。

なお AO、LSA は前述したように、DJW の 1 回分のライティング・プロダクトが、いくつかのトピックで構成されているものがあるため、1 回分の書き込みを、あらかじめトピック毎に分割し、指標の値をトピック毎で算出した。一回の書き込みの各トピックの平均をとったものを Mean とし、もっとも高かったトピックの値（トピックが分かれていない場合はそのままの値）をその回を代表する値として扱った群を Max とした。そのため、

文レベルまでの指標と違い、AO、LSA は、DJWMean と FW のペアと、DJWMax と FW のペアを別々に、PU 群、NU 群ごとに分析する。

5.5.1 アーギュメント重複（AO）の比較分析
5.5.1.1 PU 群の分析結果

三つの AO の平均、標準偏差をまとめた（表 5-28）。また、三つの平均値の推移をプロットし、回帰直線を引いたものは、図 5-10 のようになった。

はじめに DJW-PU Mean と FW-PU に関して、分散分析の対象となる三期の平均と標準偏差は表 5-29 となり、Mauchly の球面性検定の結果、$p > .05$ で、球面性の仮定が成り立ち、分散分析の前提は満たされていた。分散分析の結果、交互作用（$F(2, 100) = .32, ns$）は有意ではなく、活動の主効果（$F(1, 50) = 5.53, p < .05$）は有意であり、経過の主効果（$F(2, 100) = 2.81, p = .06$）は有意傾向を表していた（表 5-30）。

対応のない要因（活動）の主効果を検定したところ、前期が p= .06 で有

表 5-28　PU 群の AO の各回の平均と標準偏差

		1	2	3	4	5	6	7	8	9	M
DJW-PU（Mean）	M	.495	.514	.584	.640	.535	.578	.636	.606	.606	.577
	SD	.270	.204	.226	.196	.288	.243	.153	.182	.131	.210
FW-PU	M	.632	.641	.600	.660	.638	.656	.678	.652	.669	.647
	SD	.251	.277	.217	.235	.243	.207	.202	.227	.209	.230
DJW-PU（Max）	M	.495	.555	.627	.737	.587	.641	.678	.625	.620	.618
	SD	.270	.243	.227	.217	.312	.280	.281	.213	.225	.252

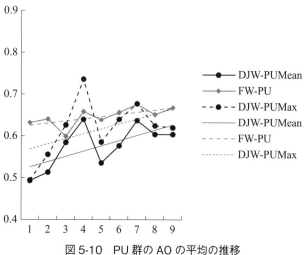

図 5-10　PU 群の AO の平均の推移

表 5-29　PU 群の AO の各期の平均と標準偏差（Mean）

		前期	中期	後期
DJW-PU	M	.53	.58	.62
（Mean）	SD	.16	.16	.11
FW-PU	M	.62	.65	.67
	SD	.19	.18	.12

表 5-30　PU 群の AO の分散分析表（Mean）

要因	SS	df	MS	F	p
活動	.19	1	.19	5.53	.02
誤差	1.74	50	.03		
経過	.11	2	.05	2.81	.06
活動×経過	.01	2	.01	.32	.73
誤差	1.91	100	.02		

意傾向を示し、FW-PU が高い状態であった。

次に DJW-PU Max と FW-PU に関して、分散分析の対象となる三期の平均と標準偏差は表 5-31 となり、Mauchly の球面性検定の結果、$p > .05$ で、球面性の仮定が成り立ち、分散分析の前提は満たされていた。分散分析の結果、交互作用（$F(2, 100) = .69, ns$）、活動の主効果（$F(1, 50) = .87, ns$）は有意ではなく、経過の主効果（$F(2, 100) = 2.96, p = .06$）は有意傾向を示した（表 5-32）。

表 5-31 PU 群の AO の各期の平均と標準偏差（Max）

		前期	中期	後期
DJW-PU	M	.56	.65	.64
（Max）	SD	.15	.18	.16
FW-PU	M	.62	.65	.67
	SD	.19	.18	.12

表 5-32 PU 群の AO の分散分析表（Max）

要因	SS	df	MS	F	p
活動	.03	1	.03	.87	.35
誤差	1.89	50	.04		
経過	.13	2	.07	2.96	.06
活動×経過	.03	2	.02	.69	.50
誤差	2.24	100	.02		

5.5.1.2 NU 群の分析結果

NU 群の三つの AO の平均、標準偏差（表 5-33）と平均の推移をプロットし、回帰直線を引いたものは、図 5-11 のようになった。

はじめに DJW-NU Mean と FW-NU に関して、三期の平均と標準偏差は表 5-34 となった。Mauchly の球面性検定の結果、$p < .05$ で、球面性の仮定が棄却されたため、自由度を Greenhouse-Geisser の ε で調整した。調整した分散分析の結果は、交互作用（$F(2, 88) = 5.17, p < .05$）、活動の主効果（$F(1, 50) = 4.37, p < .05$）が有意であったが、経過の主効果は（$F(2, 88) = 1.06, ns$）

第 5 章 ライティング・プロダクトの分析 123

表 5-33　NU 群の AO の各回の平均と標準偏差

		1	2	3	4	5
DJW-NU（Mean）	M	.707	.697	.685	.658	.694
	SD	.191	.252	.273	.242	.228
FW-NU	M	.719	.630	.651	.670	.734
	SD	.173	.203	.212	.229	.216
DJW-NU（Max）	M	.699	.783	.783	.771	.742
	SD	.192	.275	.229	.254	.226

		6	7	8	9	M
		.669	.720	.696	.757	.698
		.212	.231	.249	.199	.231
		.580	.606	.587	.560	.637
		.255	.210	.162	.116	.197
		.744	.787	.743	.880	.774
		.229	.239	.266	.184	.233

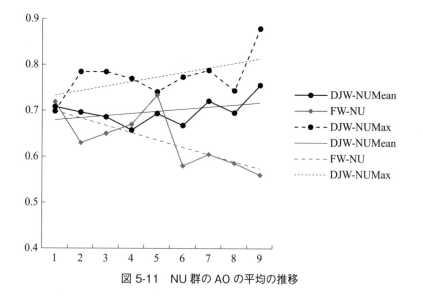

図 5-11　NU 群の AO の平均の推移

は有意ではなかった（表5-35）。

交互作用が有意であるため、対応のある要因（経過）の単純主効果の検定を行ったところ、FW-NU（$F(2, 100) = 4.28, p < .05$）で有意であり、有意水準を p = .016（ボンフェローニの補正法）とした多重比較法の結果、FW-NUにおいて、後期が中期に対して低くなっていることが分かった。また対応のない要因（活動）の単純主効果の検定を行ったところ、5％水準で後期において有意差が認められ、DJW-NUが高いことが分かった。

表5-34　NU群のAOの各期の平均と標準偏差（Mean）

		前期	中期	後期
DJW-NU	M	.70	.66	.72
（Mean）	SD	.15	.16	.12
FW-NU	M	.67	.66	.58
	SD	.13	.12	.13

表5-35　NU群のAOの分散分析表（Mean）

要因	SS	df	MS	F	p
活動	.13	1	.13	4.37	.04
誤差	1.49	50	.03		
経過	.03	2	.02	1.06	.34
指導法×経過	.13	2	.08	5.17	.01
誤差	1.28	88	.01		

次にDJW-NU MaxとFW-NUに関して、各期の平均と標準偏差は表5-36となった。Mauchlyの球面性検定の結果、$p < .05$で、球面性の仮定が棄却されたため、自由度をGreenhouse-Geisserの ε で調整した。調整した分散分析の結果は、交互作用（$F(2, 90) = 4.04, p < .05$）、活動の主効果（$F(1, 50) = 32.64, p < .01$）が有意であったが、経過の主効果（$F(2, 90) = .50, ns$）は有意ではなかった（表5-37）。

交互作用が有意であったため、対応のある要因（経過）の単純主効果の検定を行ったところ、FW-NU（$F(2, 100) = 3.55, p < .05$）で有意であり、有

意水準を $p = .016$（ボンフェローニの補正法）とした多重比較法の結果、FW-NU において、後期が中期に対して低くなっていることが分かった。次に対応のない要因（活動）の単純主効果を検定したところ、5％水準で前期、中期、後期いずれの水準でも有意差が認められ、DJW-NU Max が高いことが分かった。

表 5-36　NU 群の AO の各期の平均と標準偏差（Max）

		前期	中期	後期
DJW-NU	M	.77	.76	.80
（Max）	SD	.13	.17	.12
FW-NU	M	.67	.66	.58
	SD	.13	.12	.13

表 5-37　NU 群の AO の分散分析表（Mean）

要因	SS	df	MS	F	p
活動	.77	1	.77	32.64	.00
誤差	1.17	50	.02		
経過	.02	2	.01	.50	.58
指導法×経過	.12	2	.07	4.04	.02
誤差	1.54	90	.02		

5.5.1.3　AO の分析について

　テキストレベルで、結束性に着目した AO の分析は、特色ある結果が出た。PU 群においては、DJW-PU Mean と FW では交互作用に有意差はないものの、活動で有意差が認められた。多重比較法の結果、前期で FW が高い状態であったが、中期、後期では差が無い状態となっていた。参考値である AO Max と FW に関して有意差はなかった。

　一方 NU 群では DJW-NU Mean では、交互作用が有意であり、多重比較法の結果、後期で FW の値が低くなっていた。また参考値である DJW-NU Max も同様に交互作用が有意であり、多重比較法の結果、全体として DJW-NU Max が高く、FW が低くなっていた。

5.5.2 潜在意味解析（LSA）の比較分析
5.5.2.1 PU群の分析結果

LSA も、AO 同様トピックの影響を受けるため、トピックの平均値を利用した Mean 群と最大値を利用した Max 群に分け、DJWMean と FW のペア、DJWMax と FWU のペアを別々に、PU 群、NU 群ごとに分析した。PU 群における LSA の平均、標準偏差は表 5-38、また三つの平均値の推移をプロットし、回帰直線を引いたものは図 5-12 のようになった。

はじめに DJW-PU Mean と FW-PU に関して、分散分析の対象となる三期の平均と標準偏差は表 5-39 となり、Mauchly の球面性検定の結果、$p > .05$ で、球面性の仮定が成り立ち、分散分析の前提は満たされていた。分散分析の結果、交互作用（$F(2, 100) = .79, ns$）、経過の主効果（$F(2, 100) = 1.66, ns$）は、有意ではなかったが、活動の主効果（$F(1, 50) = 3.94, p = .053$）で有意傾向を示していた。（表 5-40）。

表 5-38　PU 群の LSA の各回の平均と標準偏差

		1	2	3	4	5
DJW-PU（Mean）	M	.150	.171	.208	.218	.164
	SD	.078	.078	.117	.116	.112
FW-PU	M	.203	.213	.230	.202	.198
	SD	.107	.127	.133	.109	.086
DJW-PU（Max）	M	.150	.182	.224	.239	.177
	SD	.078	.090	.126	.106	.114
		6	7	8	9	M
		.208	.198	.213	.193	.191
		.097	.068	.091	.093	.095
		.213	.238	.228	.227	.217
		.118	.101	.116	.077	.108
		.228	.206	.228	.230	.207
		.099	.100	.118	.128	.106

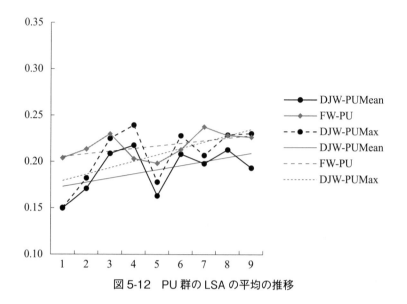

図 5-12 PU 群の LSA の平均の推移

表 5-39 PU 群の LSA の各期の平均と標準偏差（Mean）

		前期	中期	後期
DJW-PU	M	.18	.20	.20
（Mean）	SD	.06	.07	.06
FW-PU	M	.21	.20	.23
	SD	.09	.07	.07

表 5-40 PU 群の LSA の分散分析表（Mean）

要因	SS	df	MS	F	p
活動	.03	1	.03	3.94	.05
誤差	.32	50	.01		
経過	.01	2	.01	1.66	.20
活動×経過	.01	2	.00	.79	.46
誤差	.40	100	.00		

次に DJW-PU Max と FW-PU に関して、分散分析の対象となる三期の平均と標準偏差は表 5-41 となり、Mauchly の球面性検定の結果、$p > .05$ で、球面性の仮定が成り立ち、分散分析の前提は満たされていた。分散分析の結果、交互作用（$F(2, 100) = 1.07, ns$）、活動の主効果（$F(1, 50) = .55, ns$）、経過の主効果（$F(2, 100) = 2.10, ns$）は、いずれも有意ではなかった（表 5-42）。

表 5-41　PU 群の LSA の各期の平均と標準偏差（Max）

		前期	中期	後期
DJW-PU	M	.19	.21	.22
（Max）	SD	.06	.06	.08
FW-PU	M	.21	.20	.23
	SD	.09	.07	.07

表 5-42　PU 群の LSA の分散分析表（Max）

要因	SS	df	MS	F	p
活動	.00	1	.00	.55	.46
誤差	.33	50	.01		
経過	.02	2	.01	2.10	.13
活動×経過	.01	2	.01	1.07	.35
誤差	.47	100	.00		

5.5.2.2　NU 群の分析結果

NU 群の三つの平均、標準偏差（表 5-43）と平均の推移をプロットし、回帰直線を引いたものは図 5-13 のようになった。

はじめに DJW-NU Mean と FW-NU に関して、分散分析の対象となる三期の平均と標準偏差は表 5-44 となり、Mauchly の球面性検定の結果、$p > .05$ で、球面性の仮定が成り立ち、分散分析の前提は満たされていた。分散分析の結果、交互作用（$F(2, 100) = .53, ns$）、活動の主効果（$F(1, 50) = .04, ns$）、経過の主効果（$F(2, 100) = .14, ns$）はいずれも有意ではなかった（表 5-45）。

次に DJW-NU Max と FW-NU に関して、分散分析の対象となる三期の平均と標準偏差は表 5-46 となり、Mauchly の球面性検定の結果、$p > .05$ で、

表 5-43 NU 群の LSA の各回の平均と標準偏差

		1	2	3	4	5
DJW-NU（Mean）	M	.247	.223	.229	.225	.236
	SD	.161	.112	.094	.094	.093
FW-NU	M	.226	.204	.222	.234	.236
	SD	.090	.094	.108	.118	.095
DJW-NU（Max）	M	.246	.270	.308	.265	.277
	SD	.160	.164	.135	.094	.104

		6	7	8	9	M
DJW-NU（Mean）	M	.197	.204	.229	.223	.224
	SD	.083	.081	.091	.110	.102
FW-NU	M	.185	.217	.231	.238	.221
	SD	.083	.095	.128	.116	.103
DJW-NU（Max）	M	.259	.209	.253	.259	.261
	SD	.112	.080	.112	.147	.123

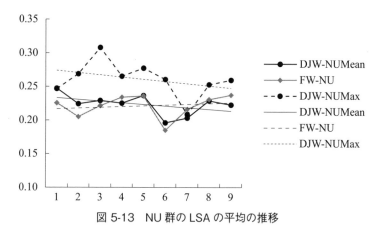

図 5-13 NU 群の LSA の平均の推移

表 5-44 NU 群のLSAの各期の平均と標準偏差（Mean）

		前期	中期	後期
DJW-NU	M	.23	.22	.22
（Mean）	SD	.07	.06	.05
FW-NU	M	.22	.22	.23
	SD	.07	.06	.08

表5-45　NU群のLSAの分散分析表（Mean）

要因	SS	df	MS	F	p
活動	.00	1	.00	.04	.84
誤差	.24	50	.00		
経過	.00	2	.00	.14	.87
活動×経過	.00	2	.00	.53	.59
誤差	.41	100	.00		

球面性の仮定が成り立ち、分散分析の前提は満たされていた。分散分析の結果、交互作用（$F(2, 100)= 1.52, ns$）、経過の主効果（$F(2, 100)= .37, ns$）はいずれも有意ではなかった。一方活動の主効果（$F(1, 50)= 9.71, p < .01$）は有意であり、多重比較法の結果、5%水準で前期と中期において有意差が認められ、DJW-NUが高いことが分かった（表5-47）。

表5-46　NU群のLSAの各期の平均と標準偏差（Max）

		前期	中期	後期
DJW-NU	M	.27	.27	.24
（Max）	SD	.09	.07	.07
FW-NU	M	.22	.22	.23
	SD	.07	.06	.08

表5-47　NU群のLSAの分散分析表（Max）

要因	SS	df	MS	F	p
活動	.06	1	.06	9.71	.00
誤差	.31	50	.01		
経過	.00	2	.00	.37	.69
活動×経過	.02	2	.01	1.52	.22
誤差	.50	100	.01		

5.5.2.3 LSA の分析について

首尾一貫性の指標として、LSA を用いた分析結果は PU 群と NU 群が少し異なった結果が出た。PU 群においては、DJW Mean、DJW Max と FW の分析は、いずれも有意差が認められなかった。さらにプロットされた三つのグラフからも、ほとんど重なり合うような動きであることから、DJW においてトピックの平均を基準にしても、最高値を基準にしても変わりがなかったことが分かる。

一方 NU 群では DJW Mean と FW では、PU 群と同様、有意差はなく、ほとんど重なり合うような推移であった。一方、参考値である DJW Max は大きく値が高くなり、交互作用は有意ではないものの、FW との比較で活動が有意に高いことから、トピックによっては、かなり LSA が高い活動が、DJW で行われたことが分かった。ただ PU 群、NU 群どちらとも、回数を重ねることが LSA を高めることに貢献しているとは言えない。

5.6　第5章のまとめ

本章では、本研究の仮説検証のため行った DJW と FW のライティング活動について述べ、ライティング活動で得られたプロダクトの統計分析について詳述した。

本研究は、異なった習熟度（PU 群と NU 群）で、異なったライティング活動（DJW と FW）を毎週一回、連続して9回行ったライティング活動を対象とし、その活動で産出された計954個のテキストを分析した。DJW と FW はジャーナルの交換以外、実施時間、ライティング担当者など、できるだけ条件を同じにして、プロダクト分析で明らかになった違いの原因がジャーナル交換であるようにした。

統計分析は、異なった活動（対応のない）要因と活動を三期に分けた経過（対応のある）要因の二要因反復測定の分散分析で行った。統計分析の結果をまとめると以下のようになった。

1．平均語数（ANW）：PU 群、NU 群いずれも DJW が FW と比較して

有意に向上した。

2．節の長さ（CL）：PU 群、NU 群いずれの DJW、FW でも特色のある結果は得られなかった。

3．T-unit 複雑性（TC）：PU 群では向上していることは認められなかったが、NU 群では FW が DJW に対して有意に向上した。

4．異なり語割合（GI）：PU 群、NU 群いずれも DJW が FW と比較して有意に向上した。

5．アーギュメント重複（AO）：PU 群では FW の活動要因が DJW Mean に対してはじめ有意に高かったが、NU 群では FW が DJW Mean に対して後半、数値を下げていった。DJW Max は NU 群において FW より高かった。

6．潜在意味解析（LSA）：PU 群、NU 群いずれの DJW、FW でも特色ある結果は得られなかった。

なお、本研究は、本章のはじめに述べたように PU 群と NU 群を分けて分析しているが、参考として、両群あわせて４×３の二要因分散分析を行ってみた。その結果でも、本章の分析で統計的に有意な結果が出た ANW、TC、GI については、交互作用が有意で、多重比較の結果も同様であった。

第6章　質問紙調査の分析

本章では、ライティング・プロダクトの仮説検証を補足するために実施した、質問紙調査の分析について述べる。第4章で検討した「有能感」、「意欲」、「方略」の質問項目で構成された質問紙で調査を行い、その回答結果を、記述統計量によって概要を把握した後、分散分析を行い、質問紙回答の分析を行った。

6.1　質問紙調査の概要
6.1.1　目的
本研究は、前章で行ったライティング・プロダクトの分析が中心であるが、DJW による学習者の意識の変容に関する質問紙調査も行って、プロダクト分析の解釈を補いたいと考える。特に、先行文献の研究から、「有能感」、「意欲」、「ライティング方略」が、ジャーナル交換による教員の介入によって、どのように変化するのかを、事前・事後の質問紙で調査し、その回答結果を分析することで、プロダクト分析を補いたいと考えた。

6.1.2　質問紙調査の制約
この質問紙調査では、回答結果の分析及びプロダクト分析を補う上で、二つの制約があるため、あらかじめ述べておく。

第一の制約は、質問紙調査の実施対象についてである。ライティング・プロダクトで対象とした PU 群で、教育機関・授業実施の制約上、事前・事後の質問紙調査が難しかったため、PU 群を対象とせず、NU 群のみを調査対象とすることとした。そのため、この質問紙調査は、プロダクト分

析と比較すると、対象が限定され、質問紙調査の結果を、PU 群にそのまま当てはめることができない。しかしながら、限定されているとはいえ、質問紙調査結果は、同じ活動計画のもとで実施した NU 群の結果であるため、PU 群のプロダクト分析結果の解釈を補う上で参考にできる資料であると考える。

　第二の制約は、事後の質問紙調査において、回答者に質問意図をわかりやすくするように、1、5、11 の質問表現を調整した点である。具体的には、項目 1 は、(事前)「英語で文を書くのが楽である」から (事後)「英語で文を書くのが楽になったと思う」、項目 5 は、(事前)「英語を書く前に何を書くか考える」・(事後)「英語を書く前に何を書くか考えるようになった」、そして項目 11 は、(事前)「英語を書く練習をしたい」・(事後)「これからも英語を書く練習をしたい」と、語句を修正、あるいは語句を追加した点である。これらの表現は、著者が、今までライティング授業の事後調査として質問紙を実施した際、事前調査と同じ表現では、文意が取りにくいと学習者から指摘を受けてきたもので、それらの経験に基づいて、質問の文意を明確にするため、表現を調整したものである。事前調査の質問項目と事後調査の質問項目の表現を変えることで、その回答結果に影響があることも考えられるため、極力手を加えないようにしたが、実際対象とした教室の学習者の状況を勘案して、以上のように表現を調整した。

　以上、二つの制約については、質問紙調査の妥当性を損ねる可能性があるが、教室内の学習者、活動を対象とする調査では、様々な制約があることも事実である。廣森 (2006) も、質問紙調査について指摘しているように、「実践」を対象とする場合、様々な制約が出てくるが、その点に関しては、「類似した調査を積み重ねていくことによって、研究仮説やそこから導かれる知見をより深めていく作業が必要」(廣森, 2006, p. 57) であるとしている。本研究でも、この質問紙調査を、このような「実践」を対象とした質問紙調査として位置づけ、上記の制約に留意しながら分析を行う。

6.1.3　実施方法・対象者

以上で述べたように、質問紙調査は NU 群を対象に、ライティング活動前に一回、活動後に一回、質問紙を実施し、ライティング活動前後でどのように学習者の意識が変化するかを調査した。質問紙調査の対象人数は、ライティング活動に複数回参加し、調査当日に出席した学生とするため、プロダクト分析と人数は異なる（DJW-NU は 35 名、FW-NU は 36 名）。

6.1.4　質問項目

第 4 章の「4.3.2」及び「4.3.3」で検討した、「有能感」、「意欲」、「方略」の 11 の質問項目で構成された質問紙を作成して、実施した。

6.2　記述統計量

6.2.1　事前調査の記述統計量

はじめに、事前調査の記述統計量を算出し、全体の傾向を見た（表6-1）。質問紙のデータの処理として、逆転項目の値は反転させ、天井効果、フロア効果については網かけしてある。

この事前調査の記述統計量に関して、DJW では、項目 1 がかなりフロ

表 6-1　事前調査の記述統計量

	DJW-NU_pre ($n = 35$)				FW-NU_pre ($n = 36$)			
	M	SD	M+SD	M-SD	M	SD	M+SD	M-SD
1. 英語で文を書くのは楽である	1.77	.690	2.46	1.08	1.83	.845	2.68	.99
2. 毎回英語を書くのが楽しみだ	2.63	1.003	3.63	1.63	2.69	1.117	3.81	1.57
3. 少しずつ英語が書けるようになってきたと思う	2.77	1.087	3.86	1.68	2.61	1.050	3.66	1.56
4. 英語を書くのは苦痛だ（逆転）	3.29	1.152	4.44	2.14	3.14	.961	4.10	2.18
5. 英語を書く前に何を書くか考える	4.40	.604	5.00	3.80	4.25	1.025	5.28	3.23
6. 英語を書いている途中に書き直しをする	3.77	.910	4.68	2.86	4.17	.941	5.11	3.23
7. 英語を書いた後に見直しをする	4.29	.750	5.04	3.54	4.06	1.218	5.28	2.84
8. 英語を書く時に構成を考える	3.54	1.120	4.66	2.42	3.78	1.149	4.93	2.63
9. 英語を書きながら新しい単語の意味を発見したことがある	2.43	1.220	3.65	1.21	2.92	1.339	4.26	1.58
10. 英語を書くことで英語の知識が増える気がする	3.86	.912	4.77	2.95	3.94	1.013	4.95	2.93
11. 英語を書く練習をしたい	3.91	.951	4.86	2.96	3.61	1.271	4.88	2.34

アに近い状態であり、項目5,7が天井効果を示している。またFWでは、項目1がフロア効果、5,6,7が天井効果を示している。

項目1は有能感に関する質問であり、フロア効果、あるいはフロアに近い状態をこの項目で表していることは、DJW、FW双方とも、学習者が書くことに負担を感じていることが分かる。また、項目5〜7はライティング方略に関する質問であるが、これらの質問項目に対する回答が極端に偏っていることから、DJW、FW双方とも、英文ライティングを行う際、色々なことに気を使いながら活動していることが分かる。

以上、いくつか特色のある結果が見られた事前調査の記述統計であるが、この傾向性は、調査が入学直後に行われたため、それまでの学習、特に大学入試の影響が表出しているのだと考えられる。

6.2.2 事後調査の記述統計量

次に活動後のNU群を対象に質問紙調査を行い、その記述統計量は以下のようになった。活動前と違い、特出して偏ったものがなく、天井効果、フロア効果を示す項目もない（表6-2）。

表6-2 事後調査の記述統計量

	DJW-NU_post ($n = 35$)				FW-NU_post ($n = 36$)			
	M	SD	M+SD	M-SD	M	SD	M+SD	M-SD
1. 英語で文を書くのが楽になったと思う	3.46	.950	4.41	2.51	2.95	.998	3.95	1.95
2. 毎回英語を書くのが楽しみだ	3.09	.781	3.87	2.31	2.81	1.050	3.86	1.76
3. 少しずつ英語が書けるようになってきたと思う	3.54	.852	4.39	2.69	3.03	.986	4.02	2.04
4. 英語を書くのは苦痛だ（逆転）	2.69	.832	3.52	1.86	2.84	1.014	3.85	1.83
5. 英語を書く前に何を書くか考えるようになった	3.57	.884	4.45	2.69	4.11	.614	4.72	3.50
6. 英語を書いている途中に書き直しをする	3.31	1.051	4.36	2.26	3.24	1.278	4.52	1.96
7. 英語を書いた後に見直しをする	2.94	1.027	3.97	1.91	2.70	1.151	3.85	1.55
8. 英語を書く時に構成を考える	2.89	.932	3.82	1.96	3.70	.968	4.67	2.73
9. 英語を書きながら新しい単語の意味を発見したことがある	3.11	1.183	4.29	1.93	3.24	1.362	4.60	1.88
10. 英語を書くことで英語の知識が増える気がする	3.74	.950	4.69	2.79	3.76	1.090	4.85	2.67
11. これからも英語を書く練習をしたい	3.89	.631	4.52	3.26	3.62	1.037	4.66	2.58

6.3　事前・事後調査の回答分布変化

　以上、記述統計で全体の回答傾向を把握した。次に、各項目の事前調査と事後調査の回答分布を並べ、各項目の回答の推移の把握を行いたい。方法として、散布度を視覚化する箱ひげ図を用いて、DJW、FW 別々に確認することとする。また、質問をそれぞれグループごとにまとめて提示することとし、質問項目1,3,4を「有能感」の質問群、質問項目2,11を「意欲」の質問群、質問項目5,6,7,8を「方略」の質問群として、報告する。

6.3.1　「有能感」の質問群

　はじめに、有能感の質問群の箱ひげ図を、DJW、FW を別々で、事前調査・事後調査を並べ、変化を把握したい。

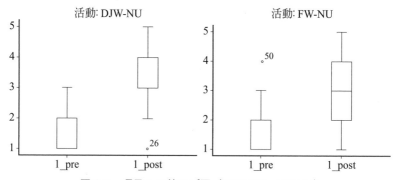

図6-1　項目1の箱ひげ図（DJW-NU、FW-NU）

　まず、項目1（事前）「英語で文を書くのが楽である」・（事後）「英語で文を書くのが楽になったと思う」のDJW、FW の箱ひげ図である（図6-1）。DJW は、事前調査でフロアに近い状態で中央値が2であったが、事後調査では中央値が4へ上昇し、分布全体も3と4に上がっている。

　FW では、事前調査ではフロア効果を示しており、中央値が2であった状態から、事後調査では中央値が3へ上昇し、分布は、上昇しているが、2～4へと幅を広げている。

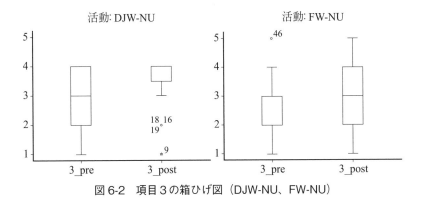

図 6-2　項目 3 の箱ひげ図（DJW-NU、FW-NU）

　次に、項目 3「すこしずつ英語が書けるようになってきたと思う」のDJW、FW の箱ひげ図である（図 6-2）。DJW は事前調査では、中央値が 3 で、分布も 2 ～ 4 と幅広いが、事後調査では、中央値を 4 に上げ、分布も 3 と 4 に集まった状態になっている。

　FW は、事前調査では、3 を中央値として、分布も 2 ～ 3 に集まっているが、事後調査でも、中央値は 3 で、分布が 2 ～ 4 に広がっている。

　次は、項目 4「英語を書くのは苦痛だ」の DJW、FW の箱ひげ図である（図 6-3）。DJW は、事前調査では、中央値を 3 として、2 ～ 4 に主に分布しているが、事後調査で中央値は変わらないものの、ほぼ 2 と 3 に分

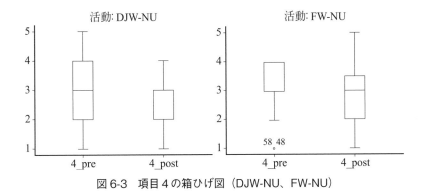

図 6-3　項目 4 の箱ひげ図（DJW-NU、FW-NU）

第 6 章　質問紙調査の分析　139

布が下がっている。FWも、事前調査では、3を中央値として3と4に分布がある状態が、事後調査では、中央値が変わらないものの、2と3に回答が集まってきている。

以上のように、「有能感」の質問群の事前・事後の変化を分布によって、確認すると、項目1,3において、DJWは、事後調査で「4. ややそう思う」の肯定的な回答に集まっていることが分かる。一方、FWは、変化はあるものの、事後調査の中央値が「3. どちらでもない」に集まっているため、DJWとFWに有能感に差があるように見られる。項目4に関しては中央値の変化もなく、分布が全体として下がっている点においてもDJWとFWに違いは見られない。

6.3.2 「意欲」の質問群

次に、「意欲」の質問群の箱ひげ図の変化を確認する。

はじめに、項目2「英語で文を書くのが楽しみだ」のDJW、FWの箱ひげ図である（図6-4）。DJWは、事前調査で中央値を3として、3と2に回答が集まっているが、事後調査では、ほとんどの回答が3になっている。

FWは、事前調査で中央値を3として、2～4で分布しており、事後調査でもほぼ同じような分布となっている。

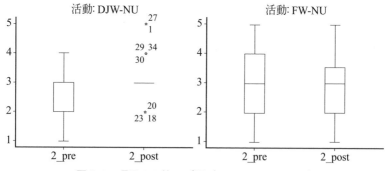

図6-4　項目2の箱ひげ図（DJW-NU、FW-NU）

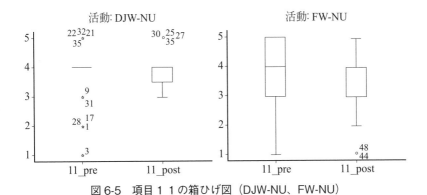

図6-5 項目11の箱ひげ図（DJW-NU、FW-NU）

次に、項目11（事前）「英語を書く練習をしたい」・（事後）「これからも英語を書く練習をしたい」のDJW、FWの箱ひげ図である（図6-5）。DJWは、事前調査で、ほぼ4に回答が集中し、事後調査でも、ほぼ同じ分布となっている。

FWは、事前調査で4を中央値として3～5で分布しているが、事後調査では3と4に回答が集まってきている。

以上の「意欲」の質問群で、項目2では、DJW、FW双方、事前・事後調査どちらとも、ほぼ「3．どちらでもない」に集まっていることから、回答しにくい質問であったかもしれない。また項目11でもDJW、FW双方、同じように事前・事後調査で、ほぼ「4．ややそう思う」と肯定的な姿勢に変化がないことが分かる。

6.3.3 「方略」の質問群

次に「方略」の質問群の箱ひげ図の変化を確認する。

まず、項目5（事前）「英語を書く前に何を書くか考える」・（事後）「英語を書く前に何を書くか考えるようになった」のDJW、FWの箱ひげ図である（図6-6）。DJWは、事前調査では、天井効果を示し、中央値が4で、分布が4と5に集中しているが、事後調査では、中央値が4は変わらないものの、分布が3と4へと変化していることが分かる。

第6章 質問紙調査の分析 141

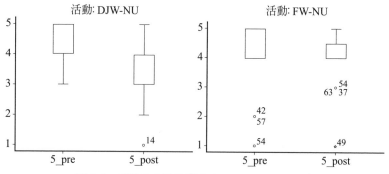

図6-6　項目5の箱ひげ図（DJW-NU、FW-NU）

FWも、事前調査は、天井効果を示し、中央値が5で、回答も4と5に集中している。そして事後調査でも、中央値は4に変わっているものの4と5に回答が集まっていることから、回答傾向に大きな変化が見られない。

次は、項目6「英語を書いている途中に書き直しをする」のDJW、FWの箱ひげ図である（図6-7）。DJW、FW双方とも、事前調査では、4を中心に回答が集まっているが、事後調査では、4が中央値で変わりないが、2～4で分布が広がっていることが分かる。

次に、項目7「英語を書いた後に見直しをする」のDJW、FWの箱ひげ図である（図6-8）。DJW、FW双方とも、事前調査では、天井効果を示し、

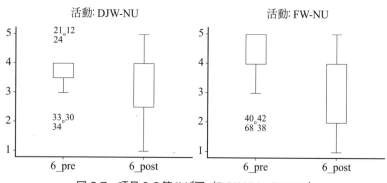

図6-7　項目6の箱ひげ図（DJW-NU、FW-NU）

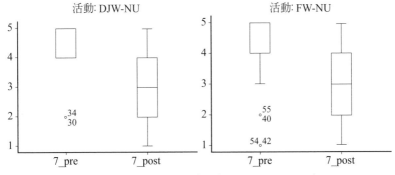

図6-8 項目7の箱ひげ図（DJW-NU、FW-NU）

4を中央値として、4と5に回答が集中しているが、事後調査では、DJW、FWとも3を中央値として、2〜4で分布している。

次に、項目8「英語を書く時構成を考える」のDJW、FWの箱ひげ図である（図6-9）。DJWは、事前調査では、4を中央値として、2〜4で分布していたのが、事後調査では、3を中央値としているが、分布に大きな変動はない。

FWは、事前調査で、4を中央値として3〜5の分布になっているが、事後調査では、4の中央値は変わらないが、多くの回答が4に集中していることが分かる。

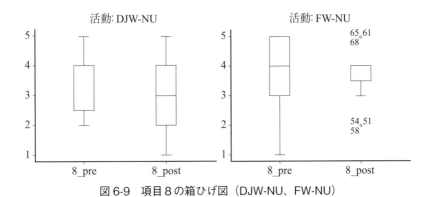

図6-9 項目8の箱ひげ図（DJW-NU、FW-NU）

「方略」の質問群は、項目5では、DJWとFWが異なった推移に特色があり、FWが、「書く前に内容を考える」ということに、事後調査でも、意識が高いことが分かる。項目6、7では、DJW、FWとも同じように、事前調査から事後調査にかけて、全体的に意識が低減している傾向がある。項目8は、事後調査においても、FWで「構成を考える」ことに意識が高い傾向がある。

6.4　事前・事後の分散分析

　以上、記述統計量と箱ひげ図を用いて回答傾向を探索的に把握してきた。こういった記述統計量を利用した分析は、傾向性を把握することに有益だが、あくまでも傾向性の把握にとどまらざるを得ない。先行文献でも指摘したように、今までのDJW研究の欠点として、傾向性の把握にとどまっていたたことがあった。そのため、この質問紙調査も、ライティング・プロダクトと同様、事前・事後の回答結果を対象に、ライティング活動の違いを被験者間要因、質問紙の実施時期の違い（活動前後）を被験者内要因として混合計画の2要因分散分析を行うこととする。ただし、本研究の質問紙の回答結果は、正規性が保証されず、分散分析の対象としては十分ではないが、混合計画の2要因分散分析に対応するノンパラメトリックの方法はないことから、二元配置の分散分析を用いることとした（対馬, 2007, p. 192）。そのため、分散分析の結果は、プロダクト分析の解釈の補助として扱い、これからも行う追試を重ねることでより正確な解釈を目指すものとする（南風原, 2001, p. 88）。また、5章の分散分析の際、被験者内要因に歪みが生じるか検定するため「Mauchlyの球面性検定」を行ったが、2水準の場合はバランスが自動的にとれ、検定量が歪まないことがわかっているため、以降の分散分析では、球面性検定を行わず、分散分析を行う（入戸野, 2004; 繁桝、柳井、森, 2008）。

　以下の分析も、前節と同じグループでまとめて提示する。

6.4.1 「有能感」の質問群
6.4.1.1 質問項目1の事前・事後比較

項目1（事前）「英語で文を書くのが楽である」・（事後）「英語で文を書くのが楽になったと思う」は、交互作用（$F(1, 68) = 4.85, p < .05$）、活動前後の主効果（$F(1, 68) = 103.53, p < .01$）が有意であり、活動の違いの主効果（$F(1, 68) = 1.99, ns$）は有意ではなかった（表6-3）。この活動前後の推移を表したグラフが図6-10である。

6.4.1.2 質問項目3の事前・事後比較

項目3「すこしずつ英語が書けるようになってきたと思う」は、活動前

表6-3 項目1の分散分析表

要因	SS	df	MS	F	p
活動の違い	2.06	1	2.06	1.99	.16
誤差	70.43	68	1.04		
活動前後	67.21	1	67.21	103.53	.00
違い×活動前後	3.15	1	3.15	4.85	.03
誤差	44.14	68	.65		

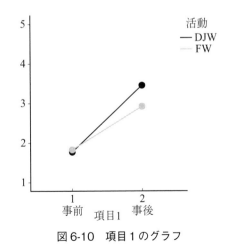

図6-10 項目1のグラフ

表6-4　項目3の分散分析表

要因	SS	df	MS	F	p
活動の違い	3.78	1	3.78	3.69	.06
誤差	69.71	68	1.03		
活動前後	12.01	1	12.01	11.62	.00
違い×活動前後	1.21	1	1.21	1.17	.28
誤差	70.29	68	1.03		

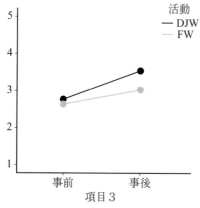

図6-11　項目3のグラフ

後の主効果（$F(1, 68) = 11.62, p < .01$）が有意であり、活動の違いの主効果（$F(1, 68) = 3.69, p = .06$）は有意傾向を示し、交互作用（$F(1, 68) = 1.17, ns$）は有意ではなかった（表6-4）。この活動前後の推移を表したグラフが図6-11である。

6.4.1.3　質問項目4の事前・事後比較

項目4「英語を書くのは苦痛だ」は、活動前後の主効果（$F(1, 68) = 7.66, p < .05$）が有意であり、交互作用（$F(1, 68) = .42, ns$）、活動の違いの主効果（$F(1, 68) = .03, ns$）は有意ではなかった（表6-5）。この活動前後の推移を表したグラフが図6-12である。

表6-5 項目4の分散分析表

要因	SS	df	MS	F	p
活動の違い	.03	1	.03	.03	.87
誤差	67.86	68	1.00		
活動前後	8.26	1	8.26	7.66	.01
違い×活動前後	.46	1	.46	.42	.52
誤差	73.29	68	1.08		

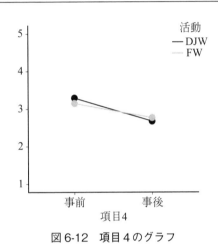

図6-12 項目4のグラフ

6.4.1.4 「有能感」の質問群のまとめ

項目1 (事前)「英語で文を書くのが楽である」・(事後)「英語で文を書くのが楽になったと思う」は、事前調査でフロア効果を示していたが、交互作用が有意となり、DJWがFWに対して効果があることがわかった。また他の項目の3、4では、活動前後の主効果が有意であることから、DJW、FWとも活動によって「有能感」に変化を与えることが認められた。

6.4.2 「意欲」の質問群

6.4.2.1 質問項目2の事前・事後比較

項目2「英語で文を書くのが楽しみだ」は、交互作用 ($F(1, 68) = .38, ns$)、

表 6-6　項目 2 の分散分析表

要因	SS	df	MS	F	p
活動の違い	.18	1	.18	.20	.65
誤差	59.86	68	.88		
活動前後	3.15	1	3.15	2.80	.10
違い×活動前後	.86	1	.86	.77	.38
誤差	76.49	68	1.12		

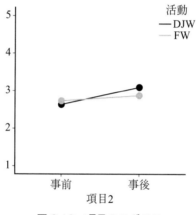

図 6-13　項目 2 のグラフ

活動の違いの主効果 ($F(1, 68) = .20, ns$)、活動前後の主効果 ($F(1, 68) = 2.80, ns$)、いずれも有意ではなかった (表 6-6)。この活動前後の推移を表したグラフが図 6-13 である。

6.4.2.2　質問項目 11 の事前・事後比較

項目 11 (事前)「英語を書く練習をしたい」・(事後)「これからも英語を書く練習をしたい」は、交互作用 ($F(1, 68) = .03, ns$)、活動の違いの主効果 ($F(1, 68) = 2.67, ns$)、活動前後の主効果 ($F(1, 68) = .72, ns$)、いずれも有意ではなかった (表 6-7)。この活動前後の推移を表したグラフが図 6-14 である。

表 6-7 項目 11 の分散分析表

要因	SS	df	MS	F	p
活動の違い	2.86	1	2.86	2.67	.11
誤差	72.89	68	1.07		
活動前後	.11	1	.11	.13	.72
違い×活動前後	.03	1	.03	.03	.86
誤差	59.86	68	.88		

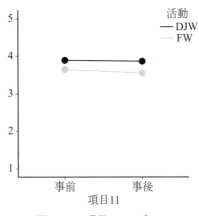

図 6-14 項目 11 のグラフ

6.4.2.3 「意欲」の質問群のまとめ

項目 2, 11 とも、分散分析の結果、交互作用、主効果が有意ではなかったことから、事前、事後に学両学習者群とも、意識の変化が見られなかったということになる。

6.4.3 「方略」の質問群

6.4.3.1 質問項目 5 の事前・事後比較

項目 5（事前）「英語を書く前に何を書くか考える」・（事後）「英語を書く前に何を書くか考えるようになった」は、交互作用（$F(1, 68) = 4.41, p < .05$）、活動前後の主効果（$F(1, 68) = 4.41, p < .05$）は有意であり、活動の違

表6-8　項目5の分散分析表

要因	SS	df	MS	F	p
活動の違い	1.03	1	1.03	1.58	.21
誤差	44.26	68	.65		
活動前後	9.26	1	9.26	11.81	.00
違い×活動前後	3.46	1	3.46	4.41	.04
誤差	53.29	68	.78		

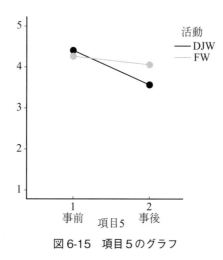

図6-15　項目5のグラフ

いの主効果（$F(1, 68) = 4.41, p < .05$）は有意ではなかった（表6-8）。この活動前後の推移を表したグラフが図6-15である。

6.4.3.2　質問項目6の事前・事後比較

項目6「英語を書いている途中に書き直しをする」は、活動前後の主効果（$F(1, 68) = 14.90, p < .01$）が有意であり、交互作用（$F(1, 68) = 1.79, ns$）、活動の違いの主効果（$F(1, 68) = .75, ns$）は有意ではなかった（表6-9）。この活動前後の推移を表したグラフが図6-16である。

表6-9 項目6の分散分析表

要因	SS	df	MS	F	p
活動の違い	.86	1	.86	.75	.39
誤差	78.57	68	1.16		
活動前後	17.15	1	17.15	14.90	.00
違い×活動前後	2.06	1	2.06	1.79	.19
誤差	78.29	68	1.15		

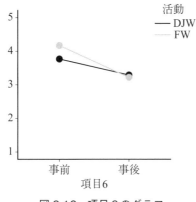

図6-16 項目6のグラフ

6.4.3.3 質問項目7の事前・事後比較

項目7「英語を書いた後に見直しをする」は、活動前後の主効果（$F(1, 68) = 58.703, p < .01$）が有意であり、交互作用（$F(1, 68) = .12, ns$）、活動の違いの主効果（$F(1, 68) = .77, ns$）は有意ではなかった（表6-10）。この活動前後の推移を表したグラフが図6-17である。

6.4.3.4 質問項目8の事前・事後比較

項目8「英語を書く時構成を考える」は、活動の違いの主効果（$F(1, 68) = 11.61, p < .01$）が有意であり、交互作用（$F(1, 68) = 2.83, ns$）、活動前後の主効果（$F(1, 68) = 2.83, ns$）は有意ではなかった（表6-11）。この活動

表6-10 項目7の分散分析表

要因	SS	df	MS	F	p
活動の違い	1.03	1	1.03	.77	.38
誤差	90.86	68	1.34		
活動前後	57.86	1	57.86	58.70	.00
違い×活動前後	.11	1	.11	.12	.73
誤差	67.03	68	.99		

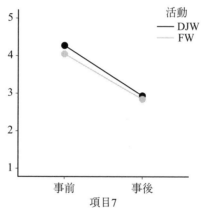

図6-17 項目7のグラフ

表6-11 項目8の分散分析表

要因	SS	df	MS	F	p
活動の違い	10.86	1	10.86	11.61	.00
誤差	63.63	68	.94		
活動前後	3.78	1	3.78	2.83	.10
違い×活動前後	3.78	1	3.78	2.83	.10
誤差	90.94	68	1.34		

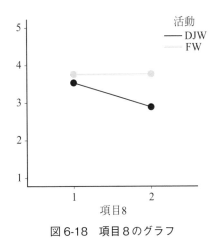

図 6-18　項目 8 のグラフ

前後の推移を表したグラフが図 6-18 である。

6.4.3.5　「方略」の質問群のまとめ

　項目 5（事前）「英語を書く前に何を書くか考える」・（事後）「英語を書く前に何を書くか考えるようになった」は、交互作用が有意であった。この交互作用は、DJW の値が低くなることで有意となったものであり、このことから DJW が FW に対して、「書く前に内容を考える」という点で意識が低くなることが分かった。また項目 6, 7 については DJW、FW ともに、活動前後の主効果が有意であり、両活動とも値が低減していた。項目 8 は活動前後の主効果が有意ではなかったものの、活動の違いの主効果が有意になっていたので、グラフからも分かるように DJW と FW の変化は異なったものになり、DJW の値が低くなる傾向が現れていた。

6.5　第 6 章のまとめ

　本章では、「有能感」・「意欲」・「方略」で構成された質問紙を、ライティング活動前後で実施し、ライティング活動による意識の変化を分析した。はじめに、その回答結果の記述統計量・箱ひげ図で探索的に傾向性を

分析し、その後、回答結果を対象に分散分析を行った。

　記述統計量からは、事前調査において、「有能感」でフロア効果が、「方略」で天井効果が示される、項目があることが分かった。

　箱ひげ図の事前・事後比較では、「有能感」では、DJW が事後調査において、肯定的な傾向を表していることが分かった。また、「方略」においては、FW が「書く前に内容を考える」という項目において、事前、事後どちらもかなり高い意識であることが、特徴的だった。

　分散分析では、「有能感」で、項目1の交互作用が有意であり、DJW が FW に対して、有能感が向上していることが、統計的にわかった。また、「方略」では、項目5の交互作用が有意であり、DJW が FW に対して、内容を考えることに対する意識が低くなることがわかった。

　「意欲」については、箱ひげ図の比較や分散分析、いずれにおいても事前・事後の比較で、変化は見られなかった。

第 7 章　結果

　本章では、本研究の仮説検証のため行った、ライティング・プロダクト分析と質問紙調査分析の結果をまとめる。

7.1　文レベルまでの指標分析について

　先行研究で行われていた、DJW のライティング・プロダクトの研究と、さらに L2 ライティング分野でのライティング発達指標の研究から、本研究では ANW、CL、TC、GI を DJW と FW の「文レベルまでの指標」として取り上げ、統計的に分析した。学習者のプロダクトと合わせて、統計分析の結果を本節ではまとめる。

7.1.1　ANW の分析結果について

　前章の統計分析で確認したように、PU 群、NU 群いずれにおいても、ANW の分散分析で交互作用が有意となり、DJW が FW に対して向上していることが分かり、活動要因と経過要因が複合的に、DJW の ANW に影響を与えていることがわかった。さらに、単純主効果の検定と、その後の多重比較によって、PU 群では後期に、NU 群では中期、後期で、ANW が伸びていることが明らかになった。また、二つの異なった習熟度で、同じ傾向が現れたことは、この結果の妥当性を高めている。以上のことから、DJW は流ちょうさを向上させるライティング活動であることが言える。

　以上のように、本研究で DJW は、習熟度が異なっても、FW と比較して大きく ANW を伸ばすことが分かったが、統計分析や平均をプロットしたグラフを見ると、FW-PU もゆっくりと回数を重ねる毎に ANW を増し

ていることに注目しておきたい。DJW の ANW は大きく伸びているが、FW の ANW も経過の影響も受ける可能性もあるということになる。

　また、PU 群と NU 群という習熟度に違いに着目すると、DJW、FW とも習熟度が上の NU 群の ANW が多いことが分かった（図 7-1）。これは、二つの活動の効果の度合いとは別に、ANW は習熟度が上がると全体的に増加するということを意味している。

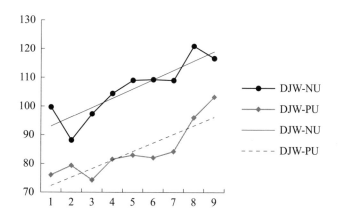

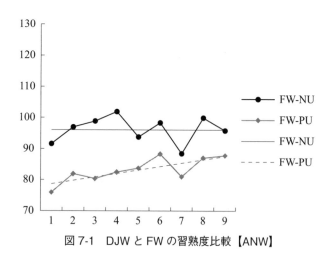

図 7-1　DJW と FW の習熟度比較【ANW】

このことに関して、習熟度を越えて各活動を比較すると、この違いが統計的にも有意であることが見えてきた。つまり、プロダクト分析の分散分析と同じように、DJW-PU と DJW-NU の前期、中期、後期を分散分析で比較すると、活動の主効果が有意であり（$F(1, 51) = 25.29, p < .01$）、DJW-NU が高かった。また、FW-PU と FW-NU の三期も分散分析で比較すると、活動の主効果が有意であり（$F(51, 1) = 6.47, p < .05$）、FW-NU が高かった。このように DJW、FW どちらでも ANW は習熟度が変われば、推移する域が統計的にも異なることが分かった。

以上のことをまとめると、ANW は活動、経過、習熟度のどれにも影響を受けやすく、そういう中にあって、DJW は FW と比較してより効果的に ANW を伸ばし、流ちょうさに貢献していることが言えそうである。

7.1.2 GI の分析結果について

次に、文までのレベルの指標で、ANW と同様 PU 群でも NU 群でも、はっきりとした統計的結果が現れた、GI を取り上げる。前章で分析したように、GI は両群において、交互作用が有意となり、DJW は両群において単純主効果が有意で、多重比較によって回を追って増加していることが、統計的に明らかになった。

この DJW の効果については、仮説として、DJW は教員の介入とトピックの複数性から、異なった語の割合が多くなると予測し、統計分析を経て、両群でDJWのGIが高いことが確認できた。このGIの増加の要因が、教員の介入なのかトピックの複数性なのか、ということは、もう少し深く分析する必要がある。そのため、DJW-PU、DJW-NU の GI を、それぞれトピックが1つの書き込み（one topic 群）と複数のトピックの書き込み（topics 群）に分け、さらに FW-PU、FW-NU とグラフ化して比較した（図7-2）。

資料1で提示しているように、PU 群は、1回目〜4回目までは、ほとんど単一のトピックであったが、後半に向かうほど、トピックが2つになっている書き込みが多くなっている。また、NU 群は全体的に、一つの書き

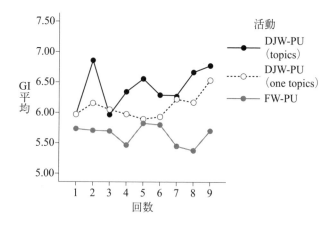

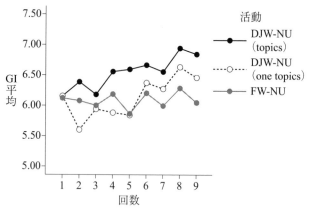

図7-2　両群におけるトピックの数に着目したGIのグラフ

込みに複数のトピックが含まれている。PU群、NU群いずれにしても、このようにトピック数がまちまちであるため、平均をとって単純に比較ができないため、おおよその傾向をこのグラフから読み取るしかない。

　グラフの推移を見ると、複数のトピック（topics群）のGI値が、全体的に高いことが分かる。次にDJWでトピックが分割されていない書き込み（one topic群）が続き、FWが一番低いところで推移している。以上のよう

な傾向から、DJW の GI の高さはトピックが複数であるところに起因すると考えられる。

次に、トピックが分割されていない one toic 群と FW を比較してみる。one topic 群は、FW と同じようにトピックが一つなので、書き込みの条件は同じである。グラフを見ると、全体的に one topic 群が FW より高いところを推移していることがわかる。トピックが一つという状況で、DJW と FW にこういう違いが現れてくるということは、両活動の違いである「教員の介入」がある程度関連していると考えられる。ただし、この教員の介入は DJW 全体に関連しているものなので、複数のトピックを含む書き込みにも影響を与えているとも考えられる。このように、DJW の GI 値が向上する背景には、トピックの複数性と教員の介入が、複合的に影響を与えていることも考えられ、二つの要因を明確に分けることは難しいと言えるだろう。いずれにしても、DJW において、トピックの複数性と教員の介入が、GI 値を向上させているということが言えるのではないだろうか。

次に実際の書き込みを提示して異なり語割合の実例を確認したい。

例 1 は、DJW-NU のトピックに分かれていない学習者の書き込みで、語数 112 語、異なり語数 69 語のため GI は 6.52 となる。

例 1

【ID】　DJW-NU_19-8（以降例示される学習者の ID はアンダーバーの後が学習者番号、ハイフンの後が回数を表す）

The reason why I want to be a schoolteacher is that I can use knowledge I learn in education course, and I have wanted to concern young problem.

In fact, I hadn't known the job since last month.

When I found it, I watched a TV drama.

One actress plays the role.

Then I investigated it.

I think that the job is very thing I have thought I wanted to do in future.

Next month, I will start to go to the second school.
I realize that I will become very busy, but I want my dream to come true.
I'm sure that I can manage, because I have been busy.

また同程度のものを FW-NU から例示すると例 2 の書き込みは語数 98 語、異なり語数 68 語のため GI は 6.87 となる。

例 2

【ID】 FW-NU_15-9

My grandparents live in a small village.
My parents and I lived there when I was little.
But, we moved to the city which I live now because of my parent's job.
The small village doesn't have convenient transportation like train.
There are only bus and it only stops one for an hour.
We sometimes visit there.
At the time I feel always refresh and relax.
We can eat fresh vegetables.
I like the place and it is my hometown.
But, if my grandparents pass away, there is nobody who inherit the land include little mountain.

一方、FW-NU から GI が低い例として例 3 を例示した。この書き込みは語数 70、異なり語数 47 で GI が 5.62 となるが、この書き込みでは political が 4 回、interested が 3 回使われているように特定の語の使用が集中していることで GI が低くなっている原因がある。

例 3

【ID】 FW-NU_13-5

*I often talk about, today's **political** issues with my father.*

*My father isn't a lawyer, but he always has been **interested** in **political** issues.
I have **interested** in law and **political** science under the influence of him.
I want to study mainly either law or **political** science, for I'm **interested** in both very much.
Though lectures in the university, I would like to decide to study either of the two.*

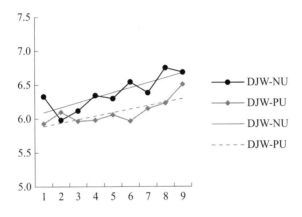

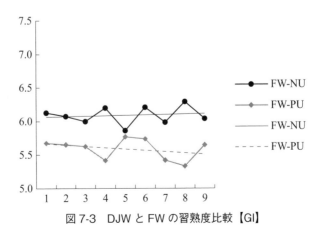

図 7-3　DJW と FW の習熟度比較【GI】

もう一つ、GIの分析で分かったことは、ANWと同様に、習熟度によってGIが推移する域が異なっていることである（図7-3）。また、それぞれDJW-NUとDJW-PU、FW-NUとFW-PUの前期、中期、後期で分散分析を行うと、活動の主効果が有意であった（DJW: $F(1, 51) = 5.71, p < .05$; FW: $F(1, 51) = 13.52, p < .01$）ことから、習熟度によって、違いがあり、ANWと同じように、GIも習熟度を反映しやすいと言える。一方、DJWは経過とともにGIを伸ばしているが、FWについては活動が経過しても伸びることはなかったことから、FWにおいて、GIは経過の影響を受けにくいと言えるのではないだろうか。

　以上の分析から、GIに関してDJWはFWより効果があることが分かった。その効果について、確認したように、複合的な要因はあるが、トピックの複数性が、使用語彙に影響を与える傾向が強かった。また単独のトピックの書き込みでも、FWより高いGIを示す傾向があったことから、教員の介入は語彙の多様性を促進する可能性が見えてきた。そして、GIに関しては、習熟度の影響を受けやすく、習熟度が上がると活動に関係なくGIも上がっていた。

7.1.3　TCの分析結果について

　T-unit内の節数に焦点を当てて、文法的複雑さを表すTCは、前章の統計分析で見たように、NU群では、FWがDJWに対して有意に高いことが分かった。これは唯一先行研究でTCを扱っているCasanave（1994）の報告の「DJWでTCが伸びる」と異なった結果となった。Casanaveが対象とした学習者群の英語習熟度は、TOEFL420-470であるため、本研究のPU群と重なることになるわけだが、DJW-PUで伸びを確認することはできなかった。

　さらにNU群においては、FW、DJWともに向上は見られ、特にFWがDJWより向上し、交互作用が有意であった。TCは前述したように、T-unit（主節数）の中にどれだけ節（副詞節、形容詞節、名詞節）が含まれているかを割合で表している指標であるため、NU群の分析から、FWのプ

ロダクトが複数の節で構成された T-unit が多い一方、DJW は節が等位接続詞で結びつけられた、単純なプロダクトになる傾向があるということになる。では実際どのような学習者の書き込みの TC が高いのか、FW と DJW の産出文にどのような差異があったのかを、以下で学習者の書き込みを例示し、確認しておきたい。

FW-NU から具体的な例を抜き出すと、例 4 は T-unit 数が 10、節数が 14 であることから TC が 1.4 となっている。

例 4 （丸数字が T-unit 数、スラッシュが節の区切り）
【ID】 FW-NU_24-3

① *There are many children in the world./*
② *In Japan, almost all children can go to school/**because** our education systems are satisfied./*
③ *But, there are a lot of children/**who** can't go to school in other country./*
④ *Education is very important./*
⑤ ***If** we couldn't go to school,/ we couldn't get good job./*
⑥ *To reduce economic disparities between the North and the South, developed countries should support developing countries./*
⑦ *The other day, I saw a TV program./*
⑧ *It collected some pictures/*
⑨ *The program sold them to make money to build the school in Cambodia./*
⑩ *I hope/ children in the world will be able to study in school./*

次に、DJW-NU から取り出した TC が低い学習者の書き込みを例 5 として、例示する。この例 5 は、T-unit 数が 17、節数が 17、TC が 1 となっている。

例 5 （丸数字が T-unit 数、スラッシュが節の区切り）
【ID】 DJW-NU_8-8

① *No, I have not been to Arashiyama zoo./*
② *I want to visit there, too./*
③ **So** *I try to save money to visit there./*
④ *There will be a lot of interesting things./*
⑤ *I have some plans for long summer vacation./*
⑥ *First, I have club activities./*
⑦ *I belong to soccer club as a manager, /*
⑧ **so** *I may spend a lot of time with members of it./*
⑨ **And** *I love soccer, /*
⑩ **so** *I want to go soccer games of J league./*
⑪ *Second, I will go to Korean with my friends of this university./*
⑫ *I have not been to foreign country, /*
⑬ **so** *I am looking forward going there./*
⑭ *Next, I will meet my friends of my high school./*
⑮ *One of them study in the U.S.,/*
⑯ **but** *she come back Japan, /*
⑰ **so** *I want to talk with each other./*

　DJWの例5をFWの例4と較べると、DJWの書き込みは書きたいと感じたことをそのまま書いた感じがあり、接続がすべてand、but、soで結ばれているため節の関係が複雑になっていない。一方、例4の書き込みは節と節の関係が考えられ、because, ifという主節・従属節の関係や、whoの形容詞節が使われているためTCが高くなっている。ただ、DJWにおける学習者の書き込みが、例5のようなものばかりではなく、例1で取り上げた学習者の書き込みではT-unit数が11、節数が20、TCが1.81と、かなり高いものもある。このような事例はあるが、対話形式の活動であるため、例5のような勢いがあるが、単純な構成の書き込みが生まれやすいことも事実であり（佐藤2010）、このような傾向から、TCに関してDJWがFWより低くなっているということが考えられる。

7.1.4 CLの分析結果について

　CLは、Ishikawa（1995）の日本人大学生を対象にした研究で、T-unitより節の長さを見る方がよいという考察もあり、またDJWの先行研究では、CasanaveがDJW活動を通して学習者のCLが伸びたことを報告しているため、本研究の分析でも、ANWを補完する上で分析対象とした。しかし、前章の分析でも言及したように、このCLに関しては、PU群、NU群どちらにおいても、「活動」「経過」どちらかも明確な影響を受けたということが言えず、向上にもつながっていなかった。Wolfe-Quintero et al.（1998）で、8つのCLに関する研究を分析したところ、このCLは徐々に増加する性質があると、報告されているため、本研究の半年では短かったのかもしれない。

　また、前節でも言及したように、Casanave（1994）が対象とした学習者群は、PU群と重なるが、Casanaveの研究は三期（1年半）を対象とした研究で、本研究と較べて長期間であり、単純に比較できないということも言える。

7.1.5 文までのレベルの指標分析のまとめ

　文までのレベルの指標、ANW、CL、TC、GIについて、前章での統計分析を受け、先行研究や学習者の実際の書き込みを含めて、総合的に結果をまとめた。先行研究での報告の検証として行った指標の内、対照群（FW）に対して統計的にDJWの独自性を確認できたのは平均語数（ANW）の向上であった。また本研究で新たに分析対象とした異なり語の割合（GI）も、対照群より向上する事を予測し、分析の結果、その向上が確認できた。さらにその向上がDJW特有のトピックの複数性と教員の介入による複合的な働きによる可能性であることが分かってきた。

　一方、先行研究とは異なり、文法的複雑さを表すT-unit複雑性（TC）は、NU群でFWがDJWと較べて有意に向上していることが分かった。学習者の書き込みを確認すると、FWでは、主節・従属節などで文を構成する傾向があり、その結果TCが高くなっていた。一方、DJWでは、全

てではないが、対話形式で思ったことを書き込んでいくスタイルであることから、等位接続詞を多用して、書き込みする傾向があり、その分 TC に貢献しにくいことが、原因として考えられた。

最後に、ANW の流ちょうさの指標を補完すると考えていた CL は、本研究で明確な結論を得ることはできなかった。これは DJW 研究やライティング研究の中で、これからさらに研究を進めていかなければならない点だと言える。

7.2 テキストレベルの指標分析について

本研究では、DJW はライティング・プロセスに教員が働きかけることで、産出されるテキストの結束性や首尾一貫性が向上するという仮説を立て、その仮説を、テキストレベルの指標を用いて検証した。指標としては、テキストに関して自動的に算出できるアーギュメント重複（AO）と潜在意味解析（LSA）を利用し、それらを対象に統計分析で検証を行った。以下、その分析結果をまとめたい。

7.2.1 AO の分析結果について

命題のアーギュメントの重複の度合いで、テキストの一貫性を捉えた結束性、そして本研究ではその結束性を、Coh-Metrix で算出される AO を利用し、統計分析をおこなった。前章で、この AO を統計分析したところ、PU 群の DJW-PU Mean と FW を比較して、FW が高い結果であった。一方、NU 群では DJW-NU Mean が、FW-NU に対して交互作用が有意となり、特に FW は後期にかけて下降していることが特徴であることを指摘した。以下、この二つの統計結果をふまえ、AO の分析をまとめたい。

PU 群と NU 群で異なった統計結果となったが、DJW のみに着目すると、AO が習熟度とともに上がっていることが分かる（図 7-4）。5 章の分析でも言及したが、NU 群での交互作用は、FW の下降に原因があり、DJW-NU が大きく伸びているわけではない。しかしそれぞれの活動の PU 群と NU 群の三期（前期、中期、後期）で分散分析を行うと、FW の活動に有意

差は認められないが、DJWの活動には有意差が認められ、DJW-NUがDJW-PUに対して高い域で推移している（活動の主効果：DJW: $F(1, 50) = 17.83, p< .01$, FW: $F(1, 50) = .11, ns$）。また、FWが習熟度の違いで対照的な変化をあらわしたが、DJWはどちらの習熟度でもAOを徐々に向上させていることが分かる。

このようなDJWとFWの推移の違いから、習熟度の違いによって対照的な推移であったFWに比べて、DJWは徐々にではあるが、AOを高める働きをしており、AOに貢献するライティング活動だと言える。

もう一つAOの分析で着目したいのは、DJW-NUでのMeanとMaxの差異である。前章の分析でも触れたが、PU群ではMeanとMaxの動きに大きな差異は無かったが、NU群では明らかな差が見られた。これは資料

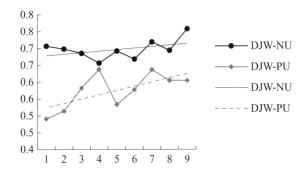

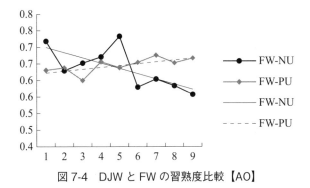

図7-4　DJWとFWの習熟度比較【AO】

1から分かるように、PU群ではそれほどトピックが分かれていないため、MeanとMaxに大きな差が生まれなかったと考えられる。一方、NU群において、このような差が生まれるということは、トピックによってはかなりAO値の高い、結束性が高い書き込みがされているということが言える。

DJW-NU Mean が、FW-NU に対して統計的に有意差が認められなかったので、DJW活動全体でAOを向上させる活動であるということは言えないが、DJW-NU Max で考えると、トピックによっては、DJWで結束性の高い文を書く機会があったと言うこともできる。

以上見てきたように、DJWは習熟度に関係なく、徐々にではあるがAOを向上させる傾向がある。また習熟度が高い場合、トピックによっては、結びつきの強い文を作ることも促す傾向があり、全体として、AOに対して良い効果を与える活動であるということができる。

最後に、AOの数値と実際の書き込みの参考として、二人の学習者の書き込みを取り上げておく。一つ目の例6は、二つのトピックに分かれているが、Coh-MetrixのAOは平均して.88であり、連続する文の多くのアーギュメントが重複していることになる。

例6

【ID】　DJW-NU_7-7（罫線はトピックの区切り）

I think that it is impossible for many people in America to forbid buying a gun.
But the United States Government should regulate buying a gun to some extent.
For example, they make the list of people who buy a gun.
<u>*Anyway, buying a gun freely is bad.*</u>
I am interested in France.
That is because I like a gorgeous world.
I want to see the Versailles Place.
When I was high school student, I was encouraged to read "Berusaiyu no Bara" by my mother.

I read it and watched the musical "Berusaiyu no Bara".
And I want to visit France and the place where Marie Antoinette lived.

次の例7はAOが.64であったため、アーギュメントが重複している文の連続と、そうではない文が混在していることになる。

例7

【ID】 DJW-NU_1-9

Yes, my friend goes to university in Tokyo.
I want to go shopping, so I want to go Harajuku, Shibuya, and so on.
But what I want to do best is talking with my friend to my heart's content.
I have been to Ueno zoo on a school trip in my primary school days, but I didn't visit the science museum and art museum.
Now I grow older, I want to go to such a museum and increase knowledge.
I want to visit art museum in Europe someday.
(For example, Louvre museum)
Have you ever been to Europe?
I studied world history in my high school days, so I entertain idea for visiting Europe.

7.2.2 LSAの分析結果について

　前節の、テキスト上の繋がりから一貫性を捉えた結束性、それを数値化したAOと異なり、テキストに直接表面化しないが、テキストを理解する中で形成される、意味的一貫性に着目したのが首尾一貫性であり、本研究ではKintschらのテキスト理解研究に依拠して、Coh-Metrixで算出される潜在意味解析（LSA）を指標数値として利用した。そのLSAを対象に、前章で統計分析を行ったところ、両群において特色のある結果を得ることはできなかった。唯一、参考値であるDJW-NU MaxとFW-NUとの比較では、交互作用が有意となったが、このことは後で取り上げることとする。

統計分析で有意な結果を得ることができなかったが、AO 同様、DJW では習熟度が上がると、LSA が上がる傾向があることがわかった（図 7-5）。それぞれの活動の PU 群と NU 群の三期（前期、中期、後期）で分散分析を行うと、DJW は活動の主効果に有意差があった（活動の主効果：$F(1, 50) = 8.60, p < .01$）が、FW はグラフからも分かるように有意差はなかった（活動の主効果：$F(1, 50) = .10, ns$）。

次に、参考値として取り上げた DJW-NU Max と FW との比較を考えたい。前章の分析でも言及したが、LSA の DJW-NU Max は、FW と比較した場合、交互作用が有意となり、かなり高い LSA がトピックの中にある

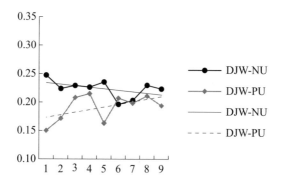

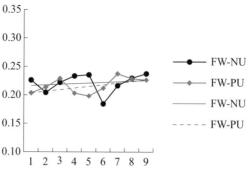

図 7-5　DJW と FW の習熟度比較【LSA】

ことが分かった。DJW-PU で、Mean と Max の差に大きな差が生まれなかったのは、AO と同じように、そもそもトピックがあまり分かれていなかった事が原因だと考えられる。一方、DJW-NU Max では、LSA が高い値を出しているということはトピックによっては意味的なまとまりが高いことを表しており、DJW の活動で、高い一貫性でライティング活動を行える可能性があることを表していると考えられる。

以上、LSA の分析結果をまとめてきたが、本分析では、統計的に有意な結果を得ることはできなかった。ただし、DJWは、習熟度が上がると、LSA も上がる傾向を見ることができたことから、教員の介入がテキストに影響を与えていると言えるかもしれない。また習熟度が高い学習者群では、トピックによっては、LSA の高い文を作っていることもわかり、DJW が LSA を高める機会を与えるライティング活動ということが言えそうである。

最後に、学習者が書いた書き込みから、LSA が高いプロダクトと低いプロダクトを例示し、その違いを見ておきたい。例8で取り上げた書き込みの LSA は .479 でかなり高い値である。

例8
【ID】　DJW-NU_19-5
I am interested in Korean education, so I want to visit Korea.
The reason why I got interested in Korean education is that the Korean must survive a fiercely competitive entrance examination.
These days in the comparison education class I watched the video which picked up the Korean education.
I had thought that Japanese entrance examinations are more hard than that of Korea since then.
But now I realize that Korean entrance examinations are very hard.
I thought that I am very happy to be a Japanese.
And I respect the Korean.

一方、例9のLSAは.121と低い。LSAが低いということは、それぞれの単語が持っている独自のベクトル同士の距離が遠いこと表していることになる。4章の先行研究でも引用したが、Landauer et al.（2003）のLSAとETS専門採点官によるエッセイテストのスコアの相関が高いという研究に基づけば、例9のようにLSA値が低いことは、内容的評価が低いことをあらわしていることになる。実際、例9では、はじめから最後まで大学祭がトピックとして書かれていて、全体がそのトピックから大きく外れているわけではないが、例8と比べると、情報の並べ方などを含めて、散漫なイメージを受ける。

例9
【ID】　FW-NU 25-6

Last week, I joined this University Festival.
Since I belong to the magic club, I assisted my seniors with their magic show.
For example, a barker, information and setting.
I was very tired.
But all shows filled with people and the show was very fantastic.
So, I felt satisfaction.
I want to join the show as a magician next year.
So I practice magic hard everyday.
I enjoyed this University Festival as a staff.
If I graduate from this University, I want to enjoy this festival as a visitor.

7.2.3　テキストレベルの指標分析のまとめ

　以上、テキストレベルの指標分析として、AOとLSAの結果をまとめてきた。まず基本値となるDJW MeanとFWの統計分析について、AOではPU群とNU群で対照的な統計結果が出たが、DJWのみに着目するとAOに貢献する活動であることがわかった。

LSAに関しては、DJW MeanとFWの比較で統計的有意差が現れなかったが、DJWのみに着目すると習熟度の違いでLSAが違う域で推移していた特色が見いだせた。

また参考値のDJW Maxに着目するとAO、LSAどちらにおいてもトピックの中には、高い値があることが分かり、DJWが、書き込みを、常に高いレベルに押し上げることはできないものの、内容的一貫性が高いライティング活動を行える場を与える可能性を見ることができた。

7.3　質問紙調査分析の結果

質問紙調査分析については、第6章の「分析」と同様、質問項目をそれぞれ「有能感」、「意欲」、「方略」のグループに分け、結果を検討する。

はじめに、「有能感」の質問群であるが、分散分析によって、項目1の交互作用が有意であり、DJWがFWに対してより向上することがわかった。また、箱ひげ図による散布度の比較では、DJWは、事後調査で、「4. ややそう思う」という肯定的な回答に集まっていたが、FWは事後調査で、「3. どちらでもない」に集まっていたことからも、DJWはFWより有能感に対して貢献していると考えられる。

項目3では、DJW、FWともに分散分析の結果、活動前後の主効果が有意で、有能感を高める結果であったが、箱ひげ図による散布度の比較を勘案すると、DJWとFWの違いが見えてくる。項目3「少しずつ英語が書けるようになってきたと思う」は、DJWでは、事後調査で、「4. ややそう思う」に回答が集まり、肯定的姿勢に変容していることが分かるが、FWでは、「3. どちらでもない」を中央値として、1〜5に分布が広がっている。つまり、FWにおいて、今回のライティング活動で、肯定的に変容したとは言えないということになる。また、分散分析の結果で、活動の違いの主効果が有意傾向（$p = .06$）であることから、両活動に、何らかの違いがあるとも考えられる。いずれにしても、項目3では、DJWが事前・事後の変化で、肯定的な態度に変容したことが推測されるが、FWはそこまで言うことができない。

以上、「有能感」の質問群の分析結果をまとめると、ライティング活動を通して、DJW は有能感を高めているということが言えるだろう。これは先行文献から、相互作用によって学習者が「〜ができるようになった」という感覚を得るということを支持する結果だと言える。一方、FW はライティング活動によって、意識に変容は認められるが、肯定的に変化したというところまでは言えない。

　次に「意欲」の質問群に関してであるが、本研究の仮説では、「有能感」の向上が、「意欲」の向上につながると想定していたが、「意欲」を対象とした分散分析では、「有能感」で現れたような、DJW と FW で異なった結果を得ることができなかった。このことは、箱ひげ図による散布度の比較でも、事前調査と事後調査に違いが無く、項目２の「英語で文を書くのが楽しみだ」では、「３．どちらでもない」で、変化が無く、項目１１の（事前）「英語を書く練習をしたい」・（事後）「これからも英語を書く練習をしたい」でも「４．ややそう思う」で、変化がなかった。特に、上述した「有能感」に関して、DJW は事後調査で肯定的に変容しているにもかかわらず、「意欲」に変化がなかったことになる。このような結果は、「有能感」と「意欲」に関して、学習者内にもっと複雑な関係があることを示唆しているものと考える。

　最後の「方略」の質問群では、分散分析の結果、項目５（事前）「英語を書く前に何を書くか考える」・（事後）「英語を書く前に何を書くか考えるようになった」の交互作用が有意であり、DJW が FW に対して「書く前に内容を考える」ことに対する意識が下がることが分かった。箱ひげ図による散布度の比較でも、この傾向は明らかで、DJW が、事前調査で、４と５に集中している状態から、事後調査で、「３．どちらでもない」を含む状態に変化している一方、FW は、事前・事後両方とも、回答が「４．ややそう思う」、「５．そう思う」に集まっている。分散分析の結果とあわせて、この分布の違いからも、この質問項目における DJW と FW の違いは、大きい意識の差であると言える。この傾向は、項目８「英語を書く時構成を考える」でも、DJW が少し低減しているのに較べて、FW は事前・

事後で「4．ややそう思う」のままで、変化がないことから、似た傾向となっている。

「ジャーナル交換」及び「教員の介入」のあるなしが、DJWとFWの大きな違いであることから、「方略」におけるこの意識の違いも、その点に原因を求める必要がある。FWは、ジャーナル交換のない、単独でのライティング活動で、毎回新しく自ら内容を産出し、構成を考えて、ライティング活動をする必要がある。FWでは、事後調査で項目6の「書き直し」と、項目7の「見直し」は、DJW同様低減しているにもかかわらず、書き始めるときに内容を考えることに対する意識に変化がなかったことから、単独のライティング活動では、他の方略とは異なり、内容産出が、ライティングの際意識せざるを得ない、大きな作業となっていたことが推察できる。

一方、FWと同じように、項目5の「書く前に内容を考える」では、事前調査で天井効果をあらわしていたDJWは、事後調査で大きくその意識が低減していた。DJWでは、初回を除き、学習者は、教員のレスポンスを読み、それから書き始める。そのため、FWとは違い、内容を産出するのではなく、レスポンスに応答し、話しを継続させていく傾向が強い。学習者の中には、まったく違う内容を書き出す場合もあるが、多くの学習者は、教員のレスポンスに応答する形で、ライティング活動を開始している。例えば、例5，例7で取り上げた、DJWの一文目も、以下のように、教員の書き込みに対する、応答から始まっている。

例5　【ID】　DJW-NU_8-8: *No, I have not been to Arashiyama zoo.*

例7　【ID】　DJW-NU_1-9: *Yes, my friend goes to university in Tokyo.*

しかし、このように、FWと違って、ライティングをはじめる前に、内容を考える必要が無くても、同じ内容で書き続けるわけではないため、DJWでも、書く内容は、どこかで産出しなければならない。このことについては、このDJWの特徴で、既に触れているトピックの複数性が関連

していると考えられる。学習者は、教員のレスポンスに応答して書き始め、そのトピックを書いている途中に、他の話題が思い浮かび、ライティングの途中で、違う話題に移行していく。こうした書き方によって、一つの書き込みに複数のトピックが存在していると考えられる。このような会話的な話題移行で、学習者も自然に、思い浮かんだことをライティングの題材として書き込んでいけることにつながっていると、考えることができる。このように考えると、項目5における、DJWとFWの大きな意識の差は、DJWが持っている会話的ライティング活動という特性が、この質問紙調査の結果にも反映された結果であると解釈できることになる。

7.4 第7章のまとめ

以上本研究のDJWとFWのライティング・プロダクト比較分析をまとめてきた。以下のことがこの分析によって明確になった事項である。

1．平均語数（ANW）について

対象活動のFWに対してDJWでの向上の仕方は交互作用が有意であったことからDJW独自の特性であり、二つの異なった習熟度群双方でいえることであった。またDJWとFWのANWの変動からANWは習熟度を反映しやすく、経過による効果も現れやすいこともわかった。

2．異なり語割合（GI）について

対照活動のFWに対してDJWでの向上の仕方は交互作用が有意であったことからDJW独自の特性であり、二つの異なった習熟度群双方にいえることであった。またGIの向上に貢献しているのはDJWのトピックの複数性と教員の介入による複合した影響だと考えられる。

3．T-unit複雑性（TC）について

NU群ではDJWに対してFWの向上の仕方は交互作用が有意であったことからFW独自の効果である。このことからDJWの文の特色は等

位接続詞で節が結びつけられた単純な文が割合として多いと考えられる。

4．アーギュメント重複（AO）について
　統計的に特色ある結果は現れなかったが、DJW に AO を少しずつ高める効果が見られた。また DJW の最大値のみに着目するとトピックの中にはかなり結びつきの高いものも書き込まれていた。

5．潜在意味解析（LSA）について
　統計的に特色のある結果は現れなかった。DJW の最大値のみに着目するとトピックの中にはかなり結びつきの高いものが書き込まれていた。

6．質問紙分析について
　DJW が FW に較べて学習者に「有能感」を与える活動であることが分かった。また「ライティング方略」に関して DJW は FW に較べて、「内容」産出に意識することなく取り組めるライティング活動であると考えられる。「意欲」については、本研究の分析では、特色のある結果を得られなかった。

　最後に流ちょうさを補足するために分析の対象とした節の長さ（CL）は本研究では特色のある結果を見いだすことはできなかった。
　以上本研究の仮説検証のために行ったライティング活動とその統計分析の結果をまとめた。これらの結果をもとに次章で先行研究を含めて仮説がどの程度検証できたか、そして本研究を踏まえて DJW はどういうライティング活動といえるかということを考察したい。

第 8 章　考察

　前章までで、先行研究分析、本研究の分析・結果を終えた。これらの分析・結果から改めて、以下の仮説の検証を含めて考察したい。

1.「DJW では、他のライティング活動に較べて平均語数が増加する」
2.「DJW では、他のライティング活動に較べて使用語彙が多様になる」
3.「DJW では、他のライティング活動に較べてテキストのまとまりが良くなる」
4.「DJW では、学習者に有能感・意欲を与える」

　また、さらにこれらの検討を経て、DJW がどういうライティング活動であるかをまとめたい。

8.1　仮説1と2と文までのレベルの指標について

　はじめに、仮説1の平均語数の増加と仮説2の語彙の多様性、そしてその両者が含まれる文までのレベルの指標の分析結果に基づいて考察したい。

8.1.1　仮説1のDJWの平均語数の向上について

　本研究の二つの異なった習熟度で行った、DJW と FW の ANW の分析・結果は、前章まででまとめたように、DJW は明らかに対照活動である FW より、ANW を向上させるライティング活動であることが分かった。このことは、第一に流ちょうさが向上したと言える。先行研究で指摘されてい

た、平均語数と総合力（英作文力）との関係については、本研究の他の指標の結果をあわせて考えると、単純に結論を出せないため、本研究では量的に書く能力が向上するということにとどめたい。以下で、ANW の結果と他の結果をあわせて考察してみたい。

　本研究で、ANW の向上とともに、DJW を通じて向上したのは、質問紙調査分析による「有能感」であった。ただし、質問紙調査は、質問項目とプロダクトの因果関係に踏み込んで調査したものではないため、慎重に解釈しなければならないが、ライティング活動後の ANW の向上と有能感の高まりは、FW にはなく、DJW のみに見られた現象であるため、全く関係が無いとも言えないと考える。おそらく、語数が向上することと有能感で調査した「英語を書くのが楽になった」、「英語が書けるようになった」という意識の向上は相互影響的な関係で、教員のくり返しの介入によって、両者が共に高められたものであると推察できる。

　また質問紙調査の「方略」で現れた、DJW の会話性が機能し、書く内容の産出に負担を感じなくなっていたことは、FW とは異なった意識の変化を表していた。このことは、DJW のライティング活動への取り組みやすさに貢献していると言える。この取り組みやすさに関しては、先行研究で取り上げた、初期の Staton et al.（1988）の DJW 研究で、学習者を対話者と考える姿勢、教員による交流的足場かけ、そして安心して失敗できる場所作り、が学習者の心理的な緊張感を軽減させることを報告していた。また、このような心理的軽減は、北米でのコミュニケーションツールとしての DJW が学習者の不安や悩みを打ち明ける場所として機能していたことも、研究されていた。さらに、日本人学習者に対しては、Duppenthaler（2002a, b）の質問紙調査で、DJW タイプのライティング活動が学習者に期待されていること、また Yoshihara（2008）の質問紙調査でも DJW に良い印象を持っていることが報告されていることなども、活動が大きな負担となっていないことが分かっていた。以上のような DJW の活動への取り組みやすさ、心理的負担の少なさは、本研究で直接 ANW との因果関係を探ったわけではないが、ANW の向上に働きかけた可能性があるのではないか

と考える。

　また、こういったANWを向上させるDJWの文に特徴があることも、本研究の分析で明確になった。本研究では流ちょうさとして、ANWの他に「節の長さ（CL）」も分析の対象としたが、このCLに関して、DJWにおいても、FWにおいても大きな変化がなかった。しかし、DJWのように、ANWが大きく向上しても節の長さが変わらないということは、初期と同じ長さの節の数が増えていったということになる。さらに、T-unit複雑性に関しても、ANWは増加するのに、T-unit内で節の数が増えていないという結果であった。これらをあわせて考えると、DJWは単純な節で構成された文を多く産出するライティング活動と言えるということになる。つまり、DJWは、ライティング活動で教員からの継続した支援があり、ストレスを感じず、思ったことをどんどん書いていけるようになるライティング活動ではあるが、同時に、節の使用を複雑にしたり、節にいろいろな内容を詰め込むことはなく、どちらかと言えば、等位接続詞を多用した単純な構造の文を産出する傾向のライティング活動だということになる。

　有能感を与え、ANWが向上するが、文が複雑にならない活動を、ライティング力という視点からどのように評価するかは、他の研究に委ねざるを得ないが、DJWは、本研究で対象とした中級学習者層にとって、量を書くことに慣れるという点には、大きく貢献するライティング活動ではないかと考えられる。

8.1.2　仮説2のDJWにおける多様な語彙使用

　本研究の分析結果によって、DJWはPU群、NU群いずれにおいても、FWに較べ多様な語彙使用を向上させることが明らかになった。仮説で提示したように、DJWのトピックの複数性と教員の介入によってGIが向上すると考え、実際分析の結果を詳細に見ても、両方の要因が複合的に貢献している可能性が見えてきた。これらのことから、DJWにおけるジャーナル交換は、多様な語彙使用を促す働きがあると考えられる。以下で、ジャーナル交換がなぜ語彙使用を多様にさせるかという点を、教員の介入

と学習者の応答という視点から考察してみたい。

分析結果のところで例示した、以下の FW_13-5 の書き込みでは、political と interested に集中していたことが、GI を高めていない原因であった。この書き込みが、もし DJW で学習者によって書き込まれたら、interested と political issues が連続して書かれているところついて、教員が気になり、例えば「political isuue」を「social problem」に言い換え、「interested」に「talk over with you」に対応させて、「What kind of social problem does your father talk over with you?」というように、言い換えを含みながらレスポンスを書くことができる。

【ID】　FW-NU_13-5

*I often talk about, today's **political** issues with my father.*
*My father isn't a lawyer, but he always has been **interested** in **political** issues.*
*I have **interested** in law and **political** science under the influence of him.*
*I want to study mainly either law or **political** science, for I'm **interested** in both very much.*
Though lectures in the university, I would like to decide to study either of the two.

（例えば教員からレスポンスとして）
What kind of social problem does your father talk over with you?

DJW では、おそらくこういったレスポンスを学習者が読むことで、他の語彙のレパートリーに気づき、同じ文脈でも、学習者は違う言葉を使えることを知り、次の書き込みでその新しい語彙を実験的に使用することができるのだろう。仮説でも考察したように、DJW では、こういった教員の介入で、新しい表現を認知する機会と実践する機会を豊富に提供することから、語彙の多様性を促進する働きがあると思われる。

例えば、以下のような一連のやりとりが DJW-PU_25 の学生と教員の間

で行われていた。

Teacher's response 1

I hope that you will enjoy USJ and Kobe! My family likes to go to USJ,especially my son likes to ride" Spider-man." Although the training must be hard,going to Nagano in summer is very nice. What kind of part-time job do you begin to do?

Student's entry 1

I want to ride" dream the ride." In the past I can't ride it because the waiting time is 200 minutes. Next time I'm going to wait for hours. I want to ride" Spider-man" too. I look forward to Nagano. However lower grade students must make Japanese archery targets for next practice after the day's practice. Moreover we must go shopping and do miscellaneous for senior. It is probably hard days.

I want to work as*(A1) a staff of exit poll*. The job is related to the publishing and newspaper industries. My dream for the future is a news reporter, so the job match me.

Teacher's response 2

(B1) Is "dream the ride" a new attraction? When my family went to USJ *(C1) at the beginning of March*, we didn't see the ride. I hope that you will enjoy riding the attraction. By the way, I think *(A2) an exit poller* as a part-time job is good for your dream.

Student's entry 2

(B2) "Dream the ride" is a new attraction. It is broken out *(C2) at the middle of March*. It is a roller coaster which we can listen music while we are riding.

I want to work as **(A3) a exit poller**. However an election of the member of the House of Councillors is postponed for a week. I have plans for July 29, so I can't work. I regret.
　　　By the way, I plan to go to Hozu-gawa with highschool club's member in this summer vacation. We are going to ride a boat which go down the river. However some years ago, I read one news that people who ride the boat fell the river and died. So I worry because I can't swim.

　この例は、連続した数回のやりとりで、学習者が教員の書き込みを参考にして、自らの書き込みに取り込んだ、良い例となっている。まず、学習者が書いた「(A1) a staff of exit poll」（出口調査員）のアルバイトに対して、教員がより適切な「(A2) an exit poller」をレスポンスに書いたところ、すぐ次の書き込みで、学習者は「(A3) a exit poller」を利用している。次に、遊園地のアトラクションについて教員が「(B1) Is "dream the ride" a new attraction?」と書いたところ、学習者はその表現をそのまま利用し、「(B2) "Dream the ride" is a new attraction」と書いている。三番目に「(C1) at the beginning of March」という教員の表現を利用して「(C2) at the middle of March」という表現も使っている。

　以上見てきたように、DJWでは学習者が書いた書き込みに対して、異なった表現やより適切な表現を、すぐ同じ文脈の中で提示できるため、学習者には理解しやすく、取り込みやすいと考えられる。またこの教員の介入だけではなく、新しく知った語彙や表現を自らの書き込みの中で、すぐに実験できることも、Shuy（1988）やWeissberg（2008）がDJWの特色としてあげているように、DJWの重要な働きであり、こういったライティング環境が多様な語彙使用を促していると考えられる。

8.1.3　T-unit 複雑性について

　仮説1，2について、以上で考察してきた。次に、先行研究で取り上げられていた指標のT-unit複雑性（TC）について考察したい。Casanave（1994）

は、T-unitを中心にいくつかの指標を分析し、指標が向上しているという報告をしていた。しかしながら、本研究では、このCasanaveの研究とは異なって、T-unit複雑性はPU群ではFWと大きな差異が無く、NU群では、大きくFWが向上し、DJWがあまり向上していないことが、分析結果として表れた。このことについて、どのように考えればよいだろうか。

　TCは、4章でも言及したように、T-unit（主節＋その他の節）を単位としてその中にどれだけ節（副詞節、形容詞節、名詞節）が含まれているかの割合である。Hunt（1965）は、TCを「従属節の割合」と考えていたが、それは正確ではなく、一般的にT-unitが含有する節の複雑さと見なされている（Wolfe-Quintero et al. 1998, p. 84）。また、先行研究からは短期間の変化ではなく、ある程度の長さのライティング活動で、有意味な変化が見られると報告されている。さらにWolfe-Quintero et al. では、このTCは急激に増えるというよりも、徐々に伸びる傾向があることも報告している。以上のような先行研究から考えて、NU群のFWで大きくTCが伸びていたのは、特殊な部類に入る一方、統計的に有意に向上しているわけではないが、緩やかに向上しているDJWの方が、一般的な傾向であるといえる。

　TCが、緩やかにしか向上していないことは、前述したように、等位接続詞で結びついた単純な文構成が多いことも同時に表している。節を多用して英文を書けることは技術的に習得するべきもので、その点についてはDJWは大きく貢献することはなく、FWの方が学習者のレベルによっては効果的な活動だということが言える。ただし、副詞節、形容詞節、名詞節を多用して文を書くことは、学習者の習熟度が高いと言えるのか、またこのTCが高いことと、そのプロダクトの内容的評価が高いことに正の相関があるのかということに関して、まだ確立された見解がない。例えばWolfe-Quintero et al. の調査によれば第二言語ライティング研究でこのTCを指標として扱った17の研究のうち、習熟度と正の相関を示したものが7つあるのに対して、正の相関が見られなかったものが11あると報告されている（p. 85）[8]。また、本研究においても、TCで大きく向上したFW-NUは、テキストの一貫性であるAOに関して、大きく落ち込んでい

ること、そして、首尾一貫性の指標であるLSAでも、ほとんど変化を示していないことから、テキスト全体における評価とは一致していないと言える。

以上のようなことから、DJWにおけるTCの発達は、特別劣っているわけではないこと、また、短期間では大きな変化が期待できないことから、DJWにおけるTCは、一般的な傾向であると言えるが、積極的な影響も及ぼしていないとも言える。そして、このTCとテキスト全体の評価の関連もまだ確立されていないが、本研究でのTCとAOの関係から、正の相関は見られなかったため、この点はさらなる研究が必要となってくる。

最後に、はじめに言及した本研究とCasanaveの研究との齟齬に関してであるが、Casanaveの研究は三期（1年半）の長期間の結果を対象としている一方、本研究は一期（半年）を対象とした研究であり、期間の長さが関係するとされるTCであるため、両研究を単純に比較できないと考えるべきであろう。

8.2 仮説3のテキストレベルの発達について

以上、仮説1, 2と文レベルまでの分析結果を、総合的に考察した。次に仮説3のテキストレベルでまとまりが良くなる点と、その他分析結果から分かったことについて以下で考察する。

8.2.1 DJWとAO・LSAについて

前章の分析結果で言及したように、AOについては、PU群とNU群で対照的な結果となったが、両群ともDJWでは徐々にAOは上向いているので、少しずつでもDJWは、AOに貢献した活動であると言えるであろう。さらに、AOの最大値に着目すると、かなりつながりが良い書き込みもあ

---

8) Flahive & Snow（1980）が、総合的評価とTCの相関を分析した結果、プログラムのレベルによって相関があるレベルと相関の見られないレベルがあることが報告されている。

ることが分かり、DJW でのジャーナル交換は、言葉の間につながりを持たせる効果を与えると考えることができる。こういったことから、AO に関して DJW は仮説で述べたように、少しずつではあるがテキストのまとまりを良くしている活動ということができる。

　首尾一貫性の指標とした LSA についても、AO 同様、統計分析によって特色のある結果は得られなかった。特に、AO では DJW において回を重ねることで、AO は上向きに向上していく傾向は観察できたが、LSA に関しては、そうした傾向も見うけられなかった。ただ、DJW に関しては、PU 群と NU 群において、平均が推移する域の違いが確認できたため、DJW では習熟度があがると、LSA も全体的に高くなることは言えるであろう。また、最大値に着目すると、書き込みの中には LSA が高いものも含まれているため、仮説で言及したテキストのまとまりついて、DJW では首尾一貫性を伸ばすところまでは言えないが、そういった書き込みをする機会を与えることがあるということが言える。

　このテキストレベルについて、AO も LSA も統計的に特色のある結果が出なかったが、DJW と FW の違いである、教員が継続して介入するということとテキストのまとまりについて改めて考えておきたい。LSA は、いずれの群でも大きく変動することはなかったが、AO に関して FW は PU 群と NU 群で大きな違いが現れていた。二つの異なった教室内のライティング活動でも、以上見てきたように、FW と違って、DJW のテキスト面が安定していたのは、質問紙調査の「方略」で、DJW の特色と考えられた会話的ライティング活動の効果が、一つの要因になっているのではないかと考えられる。この論点について、第 3 章のはじめで言及した Bereiter & Scardamalia（1987）の考察を参考にしたい。彼らは、話し言葉と書き言葉の習得時期の違いを、会話では対話者同士が話題を提供し合う、取り組みやすい言語活動であるのに対して、書き言葉は自ら産出しなければならない困難さがあることを指摘していた。このことは、FW の質問紙の結果にも現れ、事後調査でも、FW は内容を考えることに意識が高いままだった。一方、Beretier & Scardamalia の考察のように、「会話」的なラ

イティング活動である DJW は、内容への意識は大きく低減し、トピックも複数書かれたり、教員からの話題提供もあって、話題が途切れにくい活動であった。このような、会話的な活動は、Beretier & Scardamalia と Weissberg（2006）が指摘していたように、テキストの内容が散漫にならず、内容的一貫性を与える傾向があるということであり、本研究の DJW で、AO や LSA が、統計的に有意な結果は出なかったが、安定していたことに関しては、このような教員の介入が良い影響を与えていたと考えることもできる。

　以上、本研究の AO と LSA に関して考察してきたが、このテキストレベルの研究はこれから継続した研究が必要だとも言える。本研究の考察でもこれ以上深く踏み込めないが、最後に DJW の AO Max と LSA Max が高い一貫性を示したもう一つの可能性としてライティング活動中の「書く活動」と「その他の活動」の割合に触れておきたい。

8.2.3 「書く活動」と「その他の活動」の時間の割合

　第 3 章において、DJW の特色を認知的ライティング・プロセス研究から考察した際、Flower & Hayes（1981）は、レトリック的状況を考え直すことと、さらにそれを何回も吟味することが、ライティング・プロダクトの質的向上につながることに言及していた。また、Hayes（1996）の研究は、ライティング・プロセスにおける見直し（revision）を再考し、プロダクトに対する重要性が主張されている。つまり、プロセス・ライティングの主張にある「ライティング活動中に考える」ということは、書きながら同時に考えるというよりも、文章を書いた後に書かれたものを読み直し、その文章がテキストとして、適切かどうか検討するということが「考える」活動に相当するということであり、良い文章を書くためのプロセスということになる。本研究でも、第 3 章で言及したようにその課題環境におけるレトリック的状況に、教員が働きかけることで、ライティング・プロダクトに新しい視点や考え直すための援助を与えることが特色であることを述べた。分析結果で確認したように、DJW が AO や LSA に貢献し、トピック

によってはかなり良い値を出していることは、このようにライティング活動中の書く以外の活動、実際書くのを止めて考えたり、辞書で色々な単語や句を検討したりすることも関係していると考えられる。

　本研究ではプロダクトに焦点をあて、ライティング活動中の学習者の動きを調査することはなかったので、関連した先行研究を援用して、暫定的な方向性を示すにとどめる。L2 ライティング活動中の時間の使われ方についてはまだその研究が深まっておらず、ライティング・プロセス中の問題解決の時間の使われ方（Roca de Larios, Manchon,& Murphy, 2006）や計画の見直しなどの時間の使い方を細分化して、習熟度別に調査した研究（Roca de Larios et al., 2008）があるが、その実態やライティング・プロダクトとの関係は、確定したものは得られていない。

　DJW については、Sato（2007）の報告しかないため、その報告内容を引用する。先行研究でも取り上げたが、DJW3 名、FW3 名をビデオテープで記録し、実際の書く活動とその他の活動とに分けて、それぞれの時間配分を調べると表 8-1、図 8-1 となるということであった。

　さらにその「その他の活動」を「考える」、「辞書を引く」、「レスポンスを読む（DJW のみ）」に分類すると表 8-2 のようになると報告されていた。

表 8-1　DJW と FW 諸活動の時間配分

	Writing	Others	Total	TNW
DJW1	45.5%	54.5%	100%	83
DJW2	44.6%	55.4%	100%	90
DJW3	47.3%	52.7%	100%	90
M	45.8%	54.2%	100%	88
FW1	62.6%	37.4%	100%	100
FW2	77.1%	22.9%	100%	90
FW3	59.8%	40.2%	100%	114
M	66.5%	33.5%	100%	101

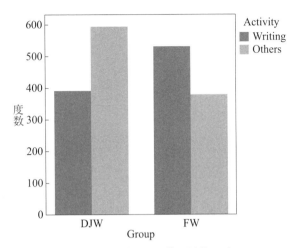

図 8-1　書く活動とその他の活動のグラフ

表 8-2　その他の活動の内訳と時間配分

	Others		
	Thinking	Dictionary	Reading a response
DJW1	13.3%	38.5%	2.7%
DJW2	45.8%	3.5%	6.1%
DJW3	35.7%	10.6%	6.3%
M	31.6%	17.5%	5.0%
FW1	26.1%	11.2%	
FW2	16.3%	6.7%	
FW3	29.4%	10.8%	
M	23.9%	9.6%	

　また、この「書く活動」と「その他の活動」を、カイ二乗分析すると $\chi^2(1, N=6)=65.40, P<.01$ ということで、DJW と FW の時間の使い方が違うことが示唆され、DJW では、書く活動より考える活動が多かったということになっていた（表 8-3）。

第 8 章　考察　189

表 8-3　学習者群と時間割合のクロス集計表

Activity	Writing	Others
DJW （$n=3$）	39.7%（390）	60.3%（593）
FW （$n=3$）	58.4%（531）	41.6%（378）

カッコ内は秒数

　本研究では、全9回にわたってこのような活動時間の調査を行ったわけではないため、単発のSatoの研究の結果を全面的に本研究に適用できないが、傾向として、DJWでは考える時間が多くなることがあり、本研究の学習者達もライティング活動中に、書くよりも考える時間が長かったと言えるかもしれない。いずれにしても、このような研究を連続したDJWに適用することによって、より深くDJWとテキストレベルの関係性を探ることができる可能性があると考える。

8.3　仮説4の有能感と意欲について

　質問紙調査では、仮説で提示した、DJWはその相互作用によって学習者に有能感を与えることを、支持できる結果を得ることができた。また、今まで考察してきたプロダクトの指標で、DJWはCLを除いて向上（ANW、GI）あるいは安定（TC、AO、LSA）していることは、有能感の向上の因果関係を直接検証していないが、双方が同じ活動の結果得られていることから、おそらく相互影響的な関係であったことが推察できる。この点については、これからさらに、この因果関係を同定できるような研究を行っていく必要があると考える。

　有能感はWhiteによれば、くり返しの社会的評価によって、はじめて形成されるものであった。このDJWも、毎回学習者が書いた内容を、教員が理解することで、学習者の英文が他者に通じるものだと評価していることになる。また、教員はレスポンスで学習者が書いたことに応答するということで、学習者の内容もレスポンスに値するものだと評価していることになる。つまり、DJWで学習者がライティングに取り組むと、ライティ

ングに関して、点数ではなく、教員の応答という社会的評価を得ることになり、これが有能感の形成につながると考えられる。そして、この効果は、質問紙の結果で、その一端を垣間見ることができた。おそらくこの有能感は、ライティング・プロダクトに何らかの形で影響を与え、ある指標を向上させたり、ある指標は安定させたりしていると考えられるため、この点に関してはさらに研究を進めたい。

　意欲に関しては、仮説で、有能感から意欲につながることを提示したが、本研究の分析・結果から、そのことを支持する結果は得られなかった。先に見たように、有能感ではDJW独自の影響が、質問紙の結果に見ることができたが、意欲に関しては、DJWとFW双方同様に変化がなかった。このようにDJWとFWで有能感に違いがあるが、意欲に関しては変化がないという結果は、前章でも考察したように、有能感と意欲には、本研究でカバーできなかった複雑さがあると考えられる。そのため、ライティング活動に関する意欲については、面接法などを利用し、さらに研究を深める必要があると言えるであろう。

8.4　DJWはどんなライティング活動か―ライティング教育への示唆―

　以上、本研究の仮説と分析結果をまとめて考察してきた。これらの考察を踏まえ、改めてDJWとは、どんなライティング活動なのかを最後にまとめてみたい。

　DJWでは、教員によるライティング・プロセスへの介入と足場作りによって、学習者のライティング活動に継続した支援を与え、その結果、学習者の書き込む量が、他のライティング活動と較べても大きく向上するライティング活動であった。また学習者は、教員の書き込みから、言い換えや新しい表現を学ぶ機会に恵まれ、その新しく知った語彙や表現を実験的に試す機会も提供されることから、語彙の多様性も伸ばすことが出来る活動でもあった。さらに、教員の介入によって、学習者にライティングに対するくり返しの社会的評価が与えられることによって、学習者がライティ

ングに対する自信をつけることができる活動であるということも言える活動であった。

　一方、書き込む英文は、比較的単純な構成になっている場合が多く、DJW を継続しても複雑な英文を書く練習にはならない、ということも分かった。このことは、十分に構成を練った文章を書くことの練習にはならないが、Mahn（2008）は、こういう単純な文章は思考とライティングがより密接に結びついている特色であり、思考がそのままライティングとして現れているとして、DJW はエッセイというより、アイデアを練ったり、考えをメモしたりするライティング活動に有益であるとしている。本研究の結果からも、そうしたライティング能力の向上に DJW はつながるのではないかと考えられる。

　以上のように、DJW は、まだ書くことに自信を持っていない中級の英語学習者が、量を書くことに慣れるという点で、適したライティング活動であるということができるであろう。また同様に、多くの語彙や表現を身に付けていない学習者が、語彙・表現を認知し、さらに練習する機会を、提供できる場を DJW は豊富に提供することになるだろう。しかし、以上で述べたように DJW はその効果が発揮しやすい領域もあるが、万能のライティング指導法ではないため、DJW をライティング教育の中に位置づける場合は、他のライティング活動とあわせて、指導することが必要である。はじめに DJW を行い、書く量を増やし、書くことに自信を付けさせてから、よりアカデミックなエッセイ・ライティングへ移行したりするなど、そのライティング教育の目標にあわせて利用することが重要であると考える。

8.5　第8章のまとめ

　以上、本章は、本研究の分析・結果全体を対象として考察し、仮説として提示した DJW に期待できる効果がどうであったか検証を行った。仮説ごとにまとめると以下のような結果となった。

1．「DJW では、他のライティング活動に較べて平均語数が増加する」
　　分析結果から、DJW は他のライティング活動に較べて、平均語数が増加する活動と言える。この効果は、継続して、ストレスが少なく取り組める活動であることから向上したと考えられる。

2．「DJW では、他のライティング活動に較べて使用語彙が多様になる」
　　分析結果から、DJW は他のライティング活動に較べて、使用語彙が多用になる活動と言える。教員とジャーナルをやりとりする中で、新しい語彙や表現を認知し、それらをすぐにジャーナル内で実験的に使用できることが、この向上に貢献している。

3．「DJW では、他のライティング活動に較べてテキストのまとまりが良くなる傾向がある」
　　分析結果から、統計的に明確な結果は得られなかった。しかし、教員による継続的な支援によって、テキストのまとまりが安定し、時にまとまりの良いテキストを書くこともできていた。

4．「DJW では学習者に有能感を与える」
　　分析結果から有能感が向上したと考えることができる。これは継続して教員が学習者の書いたことを理解し、応答することで社会的評価を与え、それが学習者の有能感形成につながったと考えられる。また、意欲については、本研究で明確な結論にいたらず、ライティングにおける意欲は、さらに研究する必要があることがわかった。

第 9 章　結論

　本章では、本研究で明らかになった DJW の特色を、四点でまとめて述べることとする。また本研究の持つ限界についても述べ、最後にこれからの研究の展望に言及する。

9.1　本研究のまとめ

　プロセス・アプローチの一手法である DJW の研究や、そのジャーナル交換を通した学習者と教員のコミュニケーションに関する研究は、1980年代から積み重ねられてきて、学習者が感じたことを書くことができるライティング活動であり、多様なコミュニケーションが可能である、ということが実証されてきた。一方、学習者のライティング・プロダクトがどのように変化するか、という研究はあまり行われず、L2 ライティングの授業で実践される場合、この DJW のコミュニケーション・スタイルがライティング・プロダクトにどのような変化を与えるかが正確に把握されていない。この現状を受けて、より効果的に DJW を実施するために、ライティング活動として、その長所と短所の研究が必要とされていた。
　本研究では、以上のような問題関心のもと、実際の授業環境の中で継続して実施された、DJW のライティング・プロダクトの特色を、ジャーナル交換を伴わない FW と比較することで、DJW の独自性を明確にすることを目的として研究を行った。二つの異なった習熟度の大学生を対象として、DJW と FW をそれぞれ半期（9回）実施し、そのライティング・プロダクトを対象に、統計分析を計画し、実施した。また同時に質問紙を用いて、ライティング活動における意識の変化も調査した。

分析対象とするプロダクトの指標は、ライティング発達研究を背景として、これまで多くのライティング研究で扱われてきた平均語数（ANW）、節の長さ（CL）、T-unit の複雑さ（TC）と異なり語の割合（GI）を文レベルまでの指標として対象とした。また L2 ライティング研究で、頻繁に取り上げられてきた結束性と首尾一貫性をテキストレベルの指標としたが、学習者のライティング・プロダクトの総数が 954 個におよぶため、人間による評価で一定の基準を確保することが難しいと考え、コンピュータで自動に算出されるアーギュメント重複（AO）と潜在意味解析（LSA）を指標として利用した。

　質問紙調査は、先行研究から相互作用が学習者の「有能感」や「意欲」を高めると考えられたので、その二つに関する質問とライティング方略に関する質問で構成した。

　ライティング・プロダクト分析はそれぞれの習熟度ごとにライティング活動の違いを「活動」要因、9 週間連続した活動を三期（前期、中期、後期）に分けた「経過」要因とする二要因反復測定の分散分析を行い、それぞれの指標で分析結果を得た。質問紙調査は、NU 群のみを対象としてライティング活動の前後で行い、前後の意識の変化を分析した。

　以上の分析結果を基にして、DJW の独自性という観点から、本研究では以下の四点が主要な結果となった。

1. DJW は、短期間（半年）で平均語数を大きく向上させるライティング活動である。

　対象とした両方の習熟度レベルにおいて、DJW は FW とは異なった向上の度合いで、ANW が増加したことが統計分析で確認できた。これは、先行研究においても示唆されていたことだが、本研究では異なった習熟度で実施し、対照活動との比較も行ったことから、この結果は明らかにされたと考えていいだろう。ANW 増加の原因として考えられることは、DJW と FW の違いである「ジャーナル交換による対話」ということになるが、この交換によって有能感が高まり、ストレスや負担感が低減し、ANW の

向上につながったと推察される。ただし TC の分析から DJW のテキストは単純な結びつきの文が多いことも分かったので、この点はライティング指導する際、留意するべき点である。

2．DJW は、短期間でライティングの語彙の多様さを向上させる活動である。

　対象とした両方の習熟度レベルにおいて、DJW は FW と比較して、GI が向上したことが統計分析で確認できた。これは、DJW の先行研究で扱われていなかった指標であり、本研究で初めて明らかになった点である。教員の介入による単語や表現の例示と、トピックの複数性によって GI が高まることが予測でき、分析考察の結果も、その予測を支持するものだった。特に学習者の文をうけて、教員が同じ文脈で異なった単語・表現を例示することで、学習者が効率よく新しい単語・表現を知り、さらに、すぐ自らの書き込みで使用できることも、GI の向上に大きく貢献しているのではないかと考えられる。

3．DJW には、徐々にではあるが、テキストの結束性を向上させる傾向がある。

　テキストレベルの指標として、AO と LSA を対象として分析を行ったが、この半期で行ったライティング活動では、大きな変化を見ることはできなかった。しかし、結束性として扱った AO に関して、DJW は両習熟度レベルにおいても、徐々にではあるが向上する効果を見ることができた。このことには、DJW の会話的ライティング活動が、影響を与えたのではないかと考えた。また、プロダクトの質的評価には、活動中の内容の検討や見直しが行われることが関係していたが、この点に関して DJW は、FW より考えたりする検討作業の時間が長いと言われていることから、そのプロダクトの質的な一貫性を高める可能性があることも考えられる。

4．DJW では学習者に有能感を与える

質問紙調査分析から、DJW は FW と比較して学習者に有能感を与える活動だと言える。有能感は社会的評価によって形成されるもので、DJW は常に教員という他者からライティングの理解と応答という社会的評価を受けることができることから、学習者のライティングに対する有能感を向上させることができたと考えられる。

　以上のことを、本研究は DJW の独自性として明らかにすることができた。本研究は、DJW が万能なライティング活動であるということを主張するためではなく、実際の授業内で実践された DJW の何が独自性で、どういった目的に適切な活動であるかを明らかにするところにあった。本研究の結果、DJW は学習者が思っていること、考えていることを心理的ストレスを感じず英語にすること、そういった姿勢を伸ばすことに効果があること、またライティングにおいて多様な語彙使用を伸ばすためにも、効果的なライティング活動であることが言えた。また内容的にまとまりのある文章を書く練習方法であり、DJW を通じてライティングに自信を付けさせることができる活動であることも分かった。こういう授業内で実践された DJW の分析で分かった長所は、ライティング授業で上記のような側面を学習させたい時にも有効である。

9.2　本研究の限界

　本研究の結論が、すべての学習者に適応できるものではなく、また授業内で実施されたライティング活動を対象とした研究であるため、いくつかの点で本研究は限界を持っている。その中でも重要なものだと考えられるものを四点に絞って述べておきたい。

9.2.1　学習者群について

　本研究では、習熟度の異なる二つの学習者群を対象としたが、それらは同じ中級学習者層の隣接する集団であり、TOEFL スコアでは PU 群で 450 程度、NU 群で 480 程度と、決して広範な学習者群を対象とした研究とは

言えなかった。これら PU 群、NU 群の英語力を TOEIC スコアに換算してみると、レベル C であったが、これは日本の大学 1 年生平均のレベル D より高いものであった（国際ビジネスコミュニケーション協会, 2011）。このことから、本研究の対象者は、日本の平均的な大学 1 年生より英語力の高い学習者層であったことになる。

　本研究の結果は、対象とした学習者群に対して有効なものと言えるが、上述の TOEIC のスコアを参考にすると、日本の平均的な大学 1 年生に対する DJW の効果を検証するには、もう少し低い学習者群での DJW 研究も必要であると言える。また本研究の対象学習者より習熟度が高い、上級者層に属する学習者群に対する DJW の効果も、DJW の可能性を考える上で必要な研究であると言える。このように、本研究で対象とした中級学習者層以外の学習者群に対する DJW 研究は、これからの課題だと言える。

9.2.2　DJW プロセスの研究について

　本研究のテキストレベルの結束性や首尾一貫性に関する仮説は、Flower らの認知的ライティング・プロセス研究を理論的土台として研究として行ったが、彼女らのプロセスやライティングの研究は、もともと L1 を対象とした研究であり、L2 ライティング研究である本研究に利用するには留意する必要があった。テキストレベルで仮説に対して、明確な結論に至らなかったのは、L1 ライティングの研究を援用したからかどうかは明確ではないが、テキストレベルで本研究の結論が弱いものになっていたことは事実である。この点を補強するためにも、DJW の認知的ライティング・プロセスを詳しく検証する必要がある。一つは Sato（2007）が報告している、ライティング・プロセスのビデオ撮影やその後のレトロスペクティブ・プロトコルを利用した研究をさらに拡大し、ある程度の期間継続して、DJW を対象として認知プロセスを解明する研究が必要であると考える。そのような研究によって、本研究で提示したプロセス中のレトリック的状況の検討が実際どのように行われているか、また書く活動とその他の活動が時系列でどのように変化するかが明らかになり、プロダクトの特

色と連関を持たせることができるようになる。

9.2.3　指標の妥当性

本研究では、従来からライティング研究で用いられていた文レベルまでの指標に加え、自動算出によるテキストの一貫性についての指標、アーギュメント重複と潜在意味解析を指標として利用した。文レベルまでの指標については、今までもいろいろな研究があり、これからも工夫されていくことであろう。一方、テキストレベルの指標については、現在まで人間による総合的評価をもとに研究が行われてきたが、Shermis & Burstein（2003）のように、人間の判定の限界を指摘し、コンピュータによる判断を補助的に勧める研究もある。このような視点から、本研究はAOとLSAを積極的に利用して、分析を行った。期間の短さのためか、テキストレベルの性質のためか、大きな変動は見られなかったことも、本研究の限界ではあるが、さらに様々なテキストを対象に研究を行い、テキストと指標の関係性を確立していく必要を感じた。

また、本研究で利用したCoh-Metrixは、はじめに指摘したよう近年徐々に言語教育のテキスト分析で使用されはじめている。しかしこのLSAが判定の基礎としているのが、アメリカの小学校から大学1年までのテキストを資料としたコーパスであり、このコーパスで日本人学習者の英語テキストの性質をどれほど正確に判定できるかということにはさらなる研究が必要となる。LSAは、理論や測定方法は確立されているため、日本人英語学習者用のテキスト判定プログラムも開発が可能だと考える。本研究のような、英語を外国語として学習している学習者のライティングを判定するためのプログラム開発の研究もこれから必要だと感じている。

9.2.4　質問紙調査

第6章でも述べたが、本研究の質問紙調査には、いくつかの制約があり、十分な調査とは言えなかった。教室実践を対象とした調査には、制約が伴うものだが、できるだけ制約を回避する努力をして、ライティング活

動に関する質問紙調査を繰り返し、その精度を高めるようにしていきたい。また、「有能感」と「意欲」の関係で言及したように、ライティング活動に関する動機づけは、複雑な要因をはらんでいると考えられる。Dörnyei（2003）が指摘しているように、質問紙調査には、短所もあり、それは質問紙法の回答が、単純で表面的になりやすく、調査を深めることが難しい点である。そのため、本研究で推測された学習者の複雑な要因に関しては、さらに深く内面を調査できる面接法などを利用し、分析を深める必要がある。

9.3 今後の展望

以上、本研究のまとめとその限界点について述べてきた。本研究では、二つの習熟度の異なる学習者群のライティング・プロダクトの分析と質問紙調査によって DJW がプロダクトに及ぼす影響を特定することができた。その一方、習熟度の多様性、ライティング・プロセスの調査、言語指標の妥当性などで限界点もあり、本研究の結論も一定の限定内での結論であることにも言及した。以上が本研究について言及できる全てであるが、本研究を終えるにあたって、これからの展望について述べておきたい。

この DJW が万能の指導法ではなく、初心者のライティング能力を高め、次の段階への準備であることを指摘したが、そもそも英語ライティング指導・教育の目標が明確でなければ、この DJW をどの段階に、どのように位置づけるかは明確にならないことである。そのためこの DJW 研究を「一過性の効果あるアプローチ研究」の一つとして終わらせないためには、ライティング教育の目的を明確にして、その目標へ向けた指導の一ステップとして位置づけることが必要だと感じている。

「ライティング教育の目的とは何か」ということは、大きなテーマであるが、ここに二つの見通しを示して、これからの DJW 研究の方向性を示したい。一つは本論の中でも触れた心理学者 Vygotsky が提示している「書き言葉」と「思考」の関係であり、もう一つは Eric Havelock の『プラトン序説』（1963）、Walter Ong の『声の文化と文字の文化』（1982）に始まる

リテラシー研究によって深められた「話し言葉」と「書き言葉」の関係性である。この二点について概略を以下に述べたい。

　Vygotskyは本論の中で述べたようにその主著『思考と言語』において現在でも有効なZPDについて述べているが、そのZPD論の周辺でかなり「書き言葉」の発達について詳しく触れ、その重要性を指摘している。Vygotskyによると、人間は、生まれてから自然な状態で「話し言葉」を習得し、その後学校教育などで「書き言葉」を習得する。その書き言葉の習得ではじめて人間は言葉を意識的に使用することができるということである。その「意識的な使用」が概念形成・発達にとって不可欠で、その概念の発達しつつある状態を彼は「最近接発達の領域」と呼んだのである。つまりZPDにとって書き言葉は不可欠な言語活動ということである。例えば、以下の引用でVygotskyは書き言葉の役割を描写している。

　　「書きことばの中では子どもは随意的に行動しなければならないこと、……書きことばにおいては、反対に、彼は単語の音構造を自覚し、それを分解し、それを文字記号に意図的に再生しなければならない。」
　　（Vygotsky, 1987, pp. 288-9; 柴田訳）

　「随意的」というのは心理学用語で、一般的には「意識的」と読み替えればよい。Vygotskyは、書き言葉の習得によって、それまでに習得した話し言葉を、意識的に分割して文字記号へと変換していくことによって人は、言葉を意識的に使用できるようになっていくと考え、同じ箇所で書き言葉の習得は、「話しことばの心理的体系を改造する」と表現している。

　ここで注目されている書き言葉の取得は、自然に起こることではなく、学校教育などによって人（特に子ども）が苦労しながら、言葉と格闘して習得していくものであることもヴィゴツキーは指摘している。この『思考と言語』の翻訳者であり、日本におけるVygotsky研究の第一人者である柴田義松の『ヴィゴツキー入門』においても同様のことが指摘されており、

「書きことばに対する動機は、自然成長的に発達するものではありません。それは、社会的・文化的環境のなかで、教師の指導を媒介として発生するものです」(柴田 2006, p. 110)

　以上のように書き言葉が人間の言語発達において重要な役割を持っており、それが学校教育の役割にもなっていることは、ライティング教育への大きな示唆であり、DJW の位置づけに関しても重要な視点を与えるものと考え、これからの DJW 研究に大いに取り入れていきたいと考えている。
　こうした書き言葉と概念発達、そして教育とのかかわりに関する考察は、Vygotsky が学問的活動をした 1930 年前後では新しいものであったが、その後本論の中で触れた Flower & Hayes や Bereiter & Scardamalia らの認知科学の研究や以下に述べるリテラシー研究によってこの書き言葉と言語発達の密接な関係は補強され、現在では、広く受け入れられていると考える。その中でも Havelock (1963) や Ong (1982) のリテラシー研究は傑出したもので、現在でも広く影響を与えている。彼らは、言葉を「話し言葉」(声の文化) と「書き言葉」(文字の文化) に分け、ホメロスの「オデュッセイア」など文字が生まれる前の人と言葉の関係 (声の文化) と文字が誕生してからの人と言葉の関係 (文字の文化) への変化を歴史的に、多様な資料を駆使して明らかにし、「書き言葉」が人間の認知能力に対しいかに決定的な役割を果たしているかを指摘した。Vygotsky 同様、彼らの研究も、「文字」あるいは「書き言葉」の習得が人間にとって「自然」ではなく、文化的に形成され、その習得が人間の認知能力を大きく改変することを明らかにした。このような研究成果はライティング教育研究でもっと取り入れられるべきで、私自身参考にしていきたいと考えている。さらに、「話し言葉」から「話し言葉」への橋渡しをする DJW に関しては、「声」から「文字」への移行が認知能力に対して大きな影響があるという考察は大変重要な研究であり、そうした視点からも DJW 研究を深めていきたいと考えている。
　L2 ライティング教育にとどまらず、以上のような視点から考察するこ

とで、今まで実践・研究されてきた DJW は、さらにいろいろな可能性を秘めていると私は考えている。本研究でプロダクトや有能感で結論を得ることができたことは、一つの成果ではあるが、まだまだ解明されなければならないことがたくさんあり、その全貌を研究によって明らかにするには、リテラシー研究などを含めて、歴史・文化的にも見ていく必要があるだろう。L2 ライティング教育を豊かにするためにも、この DJW 研究は必要な研究であり、これからさらにこの研究を深めることで、ライティング教育に貢献していくことができればと考えている。

参考文献

【日本語文献】
安西祐一郎．(1985)．『問題解決の心理学』．東京：中央公論社．
磯田貴道．(2008)．『授業への反応を通して捉える英語学習者の動機づけ』．広島：溪水社．
猪原敬介・楠見孝．(2009)．「ベクトル空間モデルに基づく言語理解モデルの動向」．日本認知科学会第 26 回大会．慶應義塾大学（9 月 10 日，W1「文章理解における経験と認知の関連」口頭発表）．
卯城祐司（編）．(2009)．『英語リーディングの科学：「読めたつもり」の謎を解く』．東京：研究社．
沖原勝昭．(1985)．『英語のライティング』．東京：大修館書店．
海保博之・加藤隆．(1999)．『認知研究の技法』．東京：福村出版．
鎌原雅彦・宮下一博・大野木裕明・中澤潤．(1998)．『心理学マニュアル質問紙法』．京都：北大路書房．
北研二・津田和彦・獅々堀正幹．(2002)．『情報検索アルゴリズム』．東京：共立出版．
木村友保．(1994)．「「英作文指導」から「ライティング指導」へ－コミュニケーションを目指して－」．八田重雄博士喜寿記念論文集刊行会（編），『言葉と教育：八田重雄博士喜寿記念論文集』(pp. 81-99)．名古屋：中部日本教育文化会．
木村友保．(2012)．『外国語教員 10 年目研修制度の研究と分析－教員免許更新制導入に向けて－』．平成 21 年度～平成 23 年度科学研究費補助金基盤研究(C)研究成果報告書．
国際ビジネスコミュニケーション協会（財）．(2011)．『TOEIC テスト DATA & ANALYSIS 2010』．2011 年 8 月 1 日 検 索 http://www.toeic.or.jp/toeic/pdf/data/DAA2010.pdf．
佐藤雄大．(2002)．「過程中心指導理論にもとづくダイアローグ・ジャーナル・ライティングを用いた英作文指導」．*STEP Bulletin*, 14, 72-82．
佐藤雄大．(2005)．「最近接発達領域における Collaborative Dialogue にもとづくダイアローグ・ジャーナル・ライティング」．中部地区英語教育学会『紀要』, 34, 149-156．
佐藤雄大．(2008)．「ダイアローグ・ジャーナル・ライティングにおけるライティングの相互作用」．第 47 回 JACET 全国大会．早稲田大学(9 月 13 日口頭発表)．

佐藤雄大．(2010)．「ライティング研究に求められているもの」．木村博是・木村友保・氏木道人（編），『リーディングとライティングの理論と実践：英語を主体的に「読む」・「書く」』(pp. 135–148)．東京：大修館書店．

繁桝算男・柳井晴夫・森敏昭（編）．(2008)．『Q&Aで知る統計データ解析 DOs and DON'Ts』．東京：サイエンス社．

柴田義松．(2006)．『ヴィゴツキー入門』．東京：子どもの未来社．

杉浦正利．(2008)．「英文ライティング能力の評価に寄与する言語的特徴について」．成田真澄（代表）『学習者コーパスに基づく英語ライティング能力の評価法に関する研究』(pp. 33-58)．平成17年度～平成19年度科学研究費補助金基盤研究（C）研究成果報告書．

大学英語教育学会実態調査委員会．(2003)．『わが国の外国語・英語教育に関する実態の総合的研究－大学の外国語・英語教員個人編』．大学英語教育学会．

竹原卓真．(2007)．『SPSSのススメ』．京都：北大路書房．

田中敏．(1996)．『実践心理データ解析：問題の発想・データ処理・論文の作成』．東京：新曜社．

丹後俊郎．(2002)．『医学データ：デザインから統計モデルまで』．東京：共立出版．

千野直仁．(1993)．「反復測度デザイン概説－その1」．『愛知学院大学文学部紀要』，23．223–236．

千野直仁．(1994)．「反復測度デザイン概説－その2：球形検定とその周辺についての批判的レビュー」．『愛知学院大学文学部紀要』，24．103–119．

対馬栄輝．(2007)．『SPSSで学ぶ医療系データ解析：分析内容の理解と手順解説，バランスのとれた医療統計入門』．東京：東京書籍．

鳥飼玖美子．(2002)．『TOEFL・TOEICと日本人の英語力：資格主義から実力主義へ』．東京：講談社．

中谷素之（編）．(2007)．『学ぶ意欲を育てる人間関係づくり：動機づけの教育心理学』．東京：金子書房．

名部井敏代．(2005)．「リキャスト－その特徴と第二言語教育おける役割－」．『外国語教育研究』，10，9-22．

成田真澄．(2008)．「日本人英語学習者が産出した英作文の総合点と強い相関関係にある定量的指標値」．成田真澄（代表）『学習者コーパスに基づく英語ライティング能力の評価法に関する研究』(pp. 13-21)．平成17年度～平成19年度科学研究費補助金基盤研究（C）研究成果報告書．

入戸野宏．(2004)．「心理生理学データの分散分析」．『生理心理学と精神生理学』，22．275-290．

ハブロック，E.A. 村岡晋一（訳）．(1997)．『プラトン序説』．東京：新書館．

南風原朝和．(2001)．「量的調査」．南風原朝和・市川伸一・下山晴彦（編），『心理学研究法入門』．東京：東京大学出版会．63-91
馬場浩也．(2005)．『SPSSで学ぶ統計分析入門』．東京：東洋経済新報社．
速水敏彦．(2006)．『他人を見下す若者たち』．東京：講談社．
廣森友人．(2006)．『外国語学習者の動機づけを高める理論と実践』．東京：多賀出版．
三浦省吾（監修）・前田啓朗・山森光陽・磯田貴道・廣森友人（著）．(2004)．『英語教師のための教育データ分析入門』．東京：大修館書店．
宮田学（編）．(2002)．『ここまで通じる日本人英語－新しいライティングのすすめ』．東京：大修館書店．
邑本俊亮．(1998)．『文章理解についての認知心理学的研究：記憶と要約に関する実験と理解過程のモデル化』．東京：風間書房．
水本篤．(2008)．「自由英作文における語彙の統計指標と評定者の総合評価の関係」．『統計数理研究所共同リポート』，215，15-28.
山内光哉．(1998)．『心理・教育のための統計法』．(第二版)．東京：サイエンス社．

【外国語文献】

Anzai, Y. (1987). Doing, Understanding, and Learning in Problem Solbing. In D. Klahr, P. Langley & R. Neches (Eds.), *Production system models of learning and development* (pp. 55-97). Cambridge, MA: MIT Press.

Bereiter, C., & Scardamalia, M. (1987). *The psychology of written composition.* Hillsdale, NJ: Lawrence Erlbaum Associates.

Bereiter, C., & Scardamalia, M. (1993). *Surpassing ourselves: an inquiry into the nature and implications of expertise.* Chicago: Open Court.

Berry, M. W., Dumais, S. T., & O'Brien, G. W. (1995). Using Linear Algebra for Intelligent Information Retrieval. *SIAM Review,37*(4), 573-595.

Bitzer, L. F. (1968). The Rhetorical Situation. *Philosophy and Rhetoric, 1,* 1-14.

Blanton, L. L. (1987). Reshaping ESL students' perceptions of writing. *ELT Journal, 41*(2), 112-118.

Britton, B. K., & Gulgoz, S. (1991). Using Kintsch's computational model to improve instructional text: effects of repairing inference calls on recall and cognitive structures. *Journal of Educational Psychology, 83*(3), 329-345.

Brown, G., & Yule, Y. (1983).*Discourse analysis.* Cambridge: Cambridge University Press.

Bruner, J. S. (1960). *The process of education.* Cambridge, MA: Harvard University Press.

Bruner, J. S. (1986). *Actual Minds, Possible Worlds.* Cambridge, MA: Harvard University Press.

Buber, M. (1936). *Ich und du.* Berlin: Schocken Verlag.

Carey, L., & Flower, L. (1989). Foundations for Creativity in the Writing Process. In J. A. Glover, R. R. Ronning & C. R. Reynolds (Eds.), *Handbook of creativity* (pp. 283-303). New York: Plenum Press.

Casanave, C. P. (1994). Language Development in Students' Journals. *Journal of Second Language Writing 3*(3), 179-201.

Chaudron, C. (1977). A descriptive model of discourse in the corrective treatment of learners' errors. *Language Learning, 27,* 29-46.

Coh-Metrix. (2011) *Coh-Metrix version 2.0 indices.* Retrieved August 1, 2011, from http://cohmetrix.memphis.edu/CohMetrixWeb2/HelpFile2.htm.

Council of Europe. (2001). *Common European framework of reference for languages: Learning, teaching, assessment.* Cambridge: Cambridge University Press.

Crossley, S. A., McCarthy, P. M., & McNamara, D. (2007). Discriminating between Second Language Learning Text-Types. In D. Wilson & G. Sutcliffe (Eds.), *Proceedings of 20th International Florida Artificial Inteligence Resarch Society* (pp.205-210). Menlo Park, CA: AAAI Press.

Deci, E. L., & Ryan, R. M. (1985). *Intrinsic motivation and self-determination in human behavior.* New York: Plenum.

Dörnyei, Z., (2003). *Questionnaires in second language research: construction, administration, and processing.* Mahwah, NJ: Lawrence Erlbaum Associates.

Doughty, C., & Williams, J. (1998). *Focus on Form in Classroom Second Language Acquisition.* Cambridge: Cambridge University Press.

Duppenthaler, P. (2002a). *Feedback and Japanese high school English languagejournal writing.* Unpublished doctoral dissertation, Temple University, PA.

Duppenthaler, P. (2002b). The Effect of Three Types of Written Feedback on Student Motivation. *JALT Journal, 24*(2), 130-154.

Duppenthaler, P. (2004). The Effect of Three Types of Feedback on the Journal Writing of EFL Japanese Students. *JACET Bulletin, 38,* 1-17.

Emig, J. (1964). The Uses of the Unconscious in Composing. *College Composition and Communication, 16,* 6-11.

Emig, J. (1971). *The Composing Processes of Twelfth Graders.* Urbana, IL: National Council of Teachers of English.

Faigley, L. (1986). Theories of Process: A Critique and a Proposal. *College English, 48*(6), 527-542.

Flahive, D., & Sivow, B. D. (1980). Measures of syntactic complexity in evaluating ESL composition. In J. Oller & K. Perkins (Eds.), *Research in language testing* (pp.171-176). Rowley, MA: Newburry House.

Flower, L. (1990). *Reading-to-write: exploring a cognitive and social process.* New York: Oxford University Press.

Flower, L., & Hayes, J. (1977). Problem-Solving Strategies and the Writing Process. *College English, 39*(4), 449-461.

Flower, L., & Hayes, J. (1980). The Cognition of Discovery: Defining a Rhetorical Problem. *College Composition and Communication, 31*(1), 21-32.

Flower, L., & Hayes, J. (1981). A Cognitive Process Theory of Writing. *College Composition and Communication, 32*(4), 365-387.

Fulkerson, R. (1990). Composition Theory in the Eighties: Axiological Consensus and Pragmatic Diversity. *College Composition and Communication, 41,* 409-429.

Grabe, W. & Kaplan, R. (1996).*Theory and practice of writing: an an applied linguistic perspective.* London: Longman.

Graesser, A. C., McNamara, D. S., Louwerse, M. M., & Cai, Z. (2004). Coh-Metrix: Analysis of text on cohesion and language. *Behavior Research Methods, Instruments, & Computers, 36,* 193-202.

Granham, A. (1985). *Psycholinguistics: Central topics.* London: Arnold.

Grant, L., & Ginther, A. (2000). Using Computer-Tagged Linguistic Features to Describe L2 Writing Differences. *Journal of Second Language Writing, 9*(2), 123-145.

Greenhouse, S. W., & Geisser, S. (1959). On Methods in the Analysis of Profile Data. *Psychometrika, 24*(2), 95-112.

Guenette, D. (2007). Is Feedback pedagogically correct? Research design issues in studies of feedback on writing. *Journal of Second Language Writing, 16*(1), 40-53.

Halliday, M. A. K., & Hasan, R. (1976). *Cohesion in English.* London: Longman.〔安藤貞夫他（訳）．1997.『テクストはどのように構成されるか：言語の結束性』．東京：ひつじ書房〕.

Hauser, G. A. (1986). *Introduction to Rhetorical Theory.* New York: Harper & Row.

Hayes, J. R., & Flower, L. S. (1980). Identifying the Organization of Writing Processes. In L. W. Gregg & E. R. Steinberg (Eds.), *Cognitive Processes in Writing* (pp. 3-30). Hillsdale, NJ: Lawrence Erlbaum Associates.

Havelock, E. (1963). *Preface to Plato,* London: Belknap.

Hunt, K. W. (1965). *Grammatical structures written at three grade levels.* Champaign,

Ill.: National Council of Teachers of English.

Huynh, H., & Feldt, L. S. (1970). Conditions Under Which Mean Square Ratios in Repeated Measureents Designs Have Exact F-Distributions. *Journal of the American Statistical Association, 65,* 1582-1589.

Ishikawa, S. (1995). Objective Measurement of Low-Proficiency EFL Narrative Writing. *Journal of Second Language Writing, 4*(1), 51-69.

Jarvis, S. (2002). Short texts, best-fitting curves and new measures of lexical diversity. *Language Testing, 19*(1), 57-84.

Ke, J., & Holland, J. (2006). Language origin from an emergentist perspective. *Applied Linguistics, 27*(4), 691-716.

Kimura, T., Matsuda, P. K., Oshima, J., & Sato, T. (2011). Collaboration in Writing Education. *The JACET International Convention Proceedings,* 173-180.

Kinginger, C. (2002). Defining the Zone of Proximal Development in US Foreign Language Education. *Applied Linguistics, 23*(2), 240-261.

Kintsch, W. (1974). *The representation of meaning in memory.* Hillsdale, N. J.: Lawrence Erbaum.

Kintsch, W., & van Dijk, T. A. (1978). Towards a model of text comprehensionand production. *Psychological Review, 85,* 363-394.

Kintsch, W. (1988). The role of knowledge in discourse comprehension construction-integration model. *Psychological Review,* 95, 163-182.

Kintsch, W. (1998). *Comprehension : a paradigm for cognition.* Cambridge: Cambridge University Press.

Kintsch, W. (2001). Predication. *Cognitive Science, 25*(2), 173-202.

Kintsch, W. (2004). The Construction-Integration model of text comprehension and its implications for instruction. In R. Ruddell & N. Unrau (Eds.),*Theoretiocal Models and Processes of Reading*(1270-1328). International Reading Association.

Kluwin, T. N., & Blumenthal, K. A. (1991). The effectiveness of dialogue journalwriting in improving the writing skills of young deaf writers. *AmericanAnnals of the Deaf, 136*(3), 284-291.

Kreeft, J. (1984).*Dialogue journal writing and the acquisition of grammatical morphology in English as a second language.* Unpublished doctoral dissetation, Georgetown University.

Landauer, T. K., & Dumais, S. T. (1997). A solution to Plato's problem: The latent semantic analysis theory of acquisition, induction, and representation of knowledge. *Psychological Review, 104*(2), 211-240.

Landauer, T. K., Laham, D., & Foltz, P. W. (2003). Automated Scoring and Annotation of

Essays with the Intelligent Essay Assessor. In M. D. Shermis & J. Burstein (Eds.), *Automated Essay Scoring: A Cross Disciplinary Perspective* (pp. 87-112). Mahwad, NJ: Lawrence Erbaum Associates.

Lantolf, J. P. (2000). *Sociocultural theory and second language learning.* New York: Oxford University Press.

Lantolf, J. P., & Poehner, M. E.(2008). *Sociocultural theory and teaching of second languages.* London: Equinox.

Larsen-Freeman, D. (1978). An ESL index of development. *TESOL Quarterly, 12*(4), 439-447.

LaTour, S. A., & Miniard, P. W. (1983). The Misuse of Repeated Measures Analysis in Marketing Research. *Journal of Marketing Research, 20*(1), 45-57.

Lee, I. (2002). Teaching coherence to ESL students: a classroom inquiry. *Journal of Second Language Writing, 11*(2), 135-159.

Lee, I. (2004). Using Dialogue Journals as a Multi-Purpose Tool for Preservice Teacher Preparation: How effective Is It? *Teacher Education Quarterly, 31*(3), 73-97.

Leki, I., Cumming, A. H., & Silva, T. (2008). *A synthesis of research on second language writing in English.* New York: Routledge.

Long, M., (1996). The role of the linguistic environment in second langauge acquisition. In W. C. Ritchie & T. K. Bhatia (Eds.), *Handbook of language acquisition: Vol. 2. Second language acquisition* (pp. 413-468). New York: Academic Press.

Long, M., (2007). *Problems in SLA.* Mahwah, NJ.: Lawrence Erlbaum Associates.

Lyster, R. (1998). Recasts, repetition, and ambiguity in L2 classroom discourse. *Studies in Second Language Acquisition, 20,* 51-81.

Lyster, R., & Ranta, L. (1997). Corrective feedback and learner uptake: Negotiation of form in communicative classrooms. *Studies in Second Language Acquisition, 19,* 37-66.

Ong, W. (1988). *Orality and literacy: the technologizing of the word,* London: Routledge.

Mackey, A., Gass, S. M., & McDonough, K. (2000). *How do learners perceive implicit negative feedback. Studies in Second Language Acquisition, 22,* 471-497.

Mahn, H. (1997). *Dialogue Journals: Perspectives of Second Language Learners in a Vygotskian Theoretical Framework.* Unpublished doctoral dissertation, The University of New Mexico.

Mahn, H. (2008). A Dialogic approach to teaching L2 writing. In J. P. Lantolf & M. E. Poehner (Eds.) *Sociocultural Theory and the Teaching of Second Languages*(pp. 115-138). Oakville, CT: Equinox Pub.

Malvern, D., & Richards, B. (2002). Investigating accommodation in language-proficiency interviews using a new measure of lexical diversity. *LanguageTesting, 19,* 85-104.

Matsuda, P. K. (1999). Composition Studies and ESL Writing: A Disciplinary Division of Labor. *College Composition and Communication, 50*(4), 699-721.

Miall, D. S., & Kuiken, D. (1999). What is literariness? Three components of literary reading. *Discourse Processes, 28*(2), 121-138.

Moulton, M., & Holmes V. (1994). Writing in a multicultural classroom: Using dialogue journals to ease transitions. *College ESL, 4*(2), 12-24.

Murphy, L., & Roca de Larios, J. (2010). Searching for words: One strategic use of the mother tongue by advanced Spanish EFL writers. *Journal of Second Language Writing, 19,* 61-81.

Murray, D. M. (1969). The Exploreers of Inner Space. *The English Journal, 6,* 908-911.

Nabei, T. (2005). *Recasts in a Japanese EFL classroom.* Suita: Kansai University Press.

Nassaji, H., & Cumming, A. (2000). What's in a ZPD? A case study of a young ESL student and teacher interacting through dialogue journals. *Language Teaching Research, 4*(2), 95-121.

Newell, A., & Simon, H. A. (1972). *Human problem solving.* Englewood Cliffs, NJ: Prentice-Hall.

Peyton, J. K. (1993). The development of beginning writers: six student profiles. In J. K. Peyton & J. Staton (Eds.), *Dialogue journals in the multilingual classroom: building language fluency and writing skills through written interaction* (pp. 47-99). Norwood, NJ: Ablex.

Peyton, J. K., & Reed, L. (1990). *Dialogue journal writing with nonnative English speakers: a handbook for teachers.* Alexandria, VA: Teachers of English to Speakers of Other Languages.

Peyton, J. K., & Seyoum, M. (1993). The Effect of Teacher Strategies on Students' Interactive Writing. In J. K. Peyton & J. Staton (Eds.), *Dialogue journals in the multilingual classroom:building language fluency and writing skills through written interaction*(pp. 155-174). Norwood, NJ: Ablex.

Peyton, J. K., & Staton, J. (1993). *Dialogue journals in the multilingual classroom : building language fluency and writing skills through written interaction.* Norwood, NJ: Ablex.

Peyton, J. K., Staton, J., Richardson, G., & Wolfram, W. (1993). The Influence of Writing Task on ESL Students' Written Production. In J. K. Peyton & J. Staton (Eds.), *Dialogue journals in the multilingual classroom : building language fluency and writing skills through written interaction*(pp. 196-222). Norwood, NJ: Ablex.

Plimpton, G. (1963). *Writers at work: the Paris review interviews, second series.* London: Secker & Warburg.

Polio, C. G. (1997). Measures of Linguistic Accuracy in Second Language Writing Research. *Language Learning, 47*(1), 101-143.

Raimes, A. (1985). What unskilled students do as they write. *TESOL Quarterly, 19*(2), 229-258.

Robb. T., Ross, S., & Shortreed, I. (1986). Salience of feedback on error and its effect on EFL writing quality. *TESOL Quarterly, 20,* 83-95.

Roca de Larios, J., Manchon, R., & Murphy, L. (2006). Generating Text in Native and Foreign Language Writing: A Temporal Analysis of Problem-Solving Formulation Processes. *The Modern Language Journal, 90,*100-114.

Roca de Larios, J., Manchon, R., Murphy, L., & Marin, J. (2008). The foreign language writer's strategic behaviour in the allocation of time to writing processes. *Journal of Second Language Writing, 17,* 30-47.

Salton, G., Wong, A., & Yang, C. (1975). A Vector Space Model for Automatic Indexing. *Communications of the ACM, 18,* 613-620.

Sasaki, M., & Hirose, K. (1996). Explanatory Variables for EFL Students' Expository Writing. *Language Learning, 46*(1), 137-174.

Santos, T. (1992). Idelogy in Composition: L1 and ESL. *Journal of Second Language Writing, 1*(1), 1-15.

Sato, T. (2001). The Dialogue Journal Approach for Enhancing Intercultural Understanding in Japanese High School English Education. *Nanzan Studies, 8,* 109-158.

Sato, T. (2007). *Interactivity of Second Language Writing: Focus on Imitation.* Paper presented atthe International Symposium on Second Language Writing 2007, Nagoya, Japan.

Sato, T. (2011). *Exploring Complexity of Dialogue Journal Writing.* Paper presented at the International Symposium on Second Language Writing 2011, Taipei, Taiwan.

Scarcella, R. C., & Oxford, R. L. (1992). *The tapestry of language learning : the individual in the communicative classroom.* Boston, MA: Heinle & Heinle.

Scardamalia, M., & Bereiter, C. (1985). Development of dialectical processes in composition. In D. R. Olson, N. Torrance & A. Hildyard (Eds.), *Literacy, Language, and Learning; the Nature and Consequences of Reading and Writing* (pp. 307-332). Cambridge: Cambridge University Press.

Scardamalia, M., Bereiter, C., & Goelman, H. (1982). The roleof production factors in writing ability. In M. Nystrand (Ed.),*What writers know: The language, process, and structure of written discourse,* (pp. 173-210). New York: Academic Press.

Shermis, M. D., & Burstein, J. (2003). Introduction. In M. D. Shermis & J. Burstein (Eds.), *Automated essay scoring: a cross-disciplinary perspective* (pp. 13-16). Mahwah, NJ: Lawrence Erlbaum Associates.

Shuy, R. (1988). The Oral Language Basis for Dialogue Journals. In J. Staton et al. (Eds.), *Dialogue Journal Communication* (pp. 73-87). Norwood, NJ: Ablex.

Shuy, R. (1993). Using language functions to discover a teacher's implicit theory of communicating with students. In J. K. Peyton & J. Staton (Eds.), *Dialogue journals in the multilingual classroom: building language fluency and writing skills through written interaction* (pp. 127-154). Norwood, NJ: Ablex.

Silva, T. (1990). Second Language Composition Instruction. In B. Kroll (Ed.), *Second Language Writing* (pp. 11-23). Cambridge: Cambridge University Press.

Singer, M. (1994). Discourse inference processes. In M. A. Gernsbacher (Ed.), *Handbook of Psycholinguistics* (pp. 479-516). New York: Academic Press.

Spack, R., & Sadow, C. (1983). Student-Teacher Working Journals in ESL Freshman Composition. *TESOL Quarterly, 17,* 575-593.

Staton, J., Shuy, R. W., Peyton, J. K., & Reed, L. (1988). *Dialogue Journal Communication: Classroom, Linguistic, Social, and Cognitive views.* Norwood, NJ: Ablex.

Susser, B. (1994). Process Approaches in ESL/EFL Writing Instruction. *Journal of Second Language Writing, 3*(1), 31-47.

Swain, M. (2000). The output hypothesis and beyond: Mediating acquisition through collaborative dialogue. In J. P. Lantolf (Ed.), *Sociocultural Theory and Second Language Learning* (pp. 97-114). Oxford: Oxford University Press.

Swain, M., Kinnear, P., & Steinman, L. (2011). *Sociocultural theory in second language education: an introduction through narratives.* Bristol; Buffalo: Multilingual Matters.

Swain, M., & Lapkin, S. (1998). Interaction and Second Language Learning: Two Adolescent French Immersion Students Working Together. *The Modern Language Journal, 82*(3), 320-337.

Swain, M., & Lapkin, S. (2000). Task-based second language learning: the use of the first language. *Language Teaching Research, 4*(3), 251-274.

Talburt, S. (1995). Dialogue Journals in adult ESL: Exploring and creating possibilities. *College ESL, 5*(2), 67-82.

Tannenbaum, R. J., & Wylie, E. C. (2004). *Mapping Test Scores onto the Common European Framework.* Princeton, NJ: Educational Testing Service.

Tedick, D. J. (1990). ESL Writing Assessment: Subject-Matter Knowledge and Its Impact on Performance. *English for Specific Purpose, 9,* 123-143.

Torrance, M., &Galbraith, D. (1999).*Knowing what to write: conceptual processes in text production.* Amsterdam: Amsterdam University Press.

van den Bergh, H., & Rijlaarsdam, G. (2001). Changes in Cognitive Activities during the Writing Process and Relationships with Text Quality. *Educational Psychology, 21*(4), 373-385.

van den Broek, P. (1994). Comprehension and memory of narrative texts. In M. A. Gernsbacher (Ed.), *Handbook of Psycholinguistics* (pp. 539-588). New York: Academic Press

van Dijk, T. A., & Kintsch, W. (1983). *Strategies of discourse comprehension.* New York: Academic Press.

Vermeer, A. (2000). Coming to grips with lexical richness in spontaneous speech data. *Language Testing, 17*(1), 65-83.

Vygotsky, L. S. (1987). *Thinking and Speech* (R. W. Rieber & A. S. Carton, Trans.). New York: Plenum Press.〔柴田義松(訳). 2001.『思考と言語』. 東京：新読書社.〕

Weissberg, R. (1998). Acquiring English Syntax Through Journal Writing, *College ESL, 8*(1) 1-22.

Weissberg, R. (2006). *Connecting speaking & writing in second language writing instruction.* Ann Arbor: University of Michigan Press.

Wertsch, J. V. (1991). *Voices of the mind: a sociocultural approach to mediated action.* Cambridge, MA: Harvard University Press.

White, R. (1959). Motivation Reconsidered: The Concept of Competence. *Psychological Review, 66*(5), 297-333.

White, R. W. (1963). *Ego and reality in psychoanalytic theory; a proposal regarding independent ego energies.* New York: International Universities Press.

Wolfe-Quintero, K., Inagaki, S., & Kim, H.-Y. (1998). *Second language development in writing: measures of fluency, accuracy, & complexity.* Honolulu, HI: Second Language Teaching & Curriculum Center, University of Hawaii at Manoa.

Wood, D., Bruner, J., & Ross, G. (1976). The Role of Tutoring in Problem Solving. *Journal of Psychology and Psychiatry, 17*(2), 89-100.

Yoshihara, R. (2008). The bridge between students and teachers: The effect of dialogue journal writing. *The Language Teacher, 32,* 3-7.

Zamel, V. (1983). The Composing Processes of Advanced ESL Students: Six case studies. *TESOL Quarterly, 17*(2), 165-187.

Zwaan, R., Langston, M., & Graesser, A. (1995). The construction of situation models in narrative comprehension: An event-indexing model. *Psychological Science, 6*(5) 292-297.

資　料

資料1：トピック数一覧

「DJW-PUのトピック数一覧」

	1回目	2回目	3回目	4回目	5回目	6回目	7回目	8回目	9回目
1	1	1	2	1	1	2	1	2	1
2	1	1	2	1	1	1	2	2	1
3	1	1	1	1	1	1	1	1	1
4	1	1	1	1	1	1	2	1	2
5	1	1	1	1	1	1	1	1	1
6	1	1	1	1	1	2	2	1	1
7	1	1	1	1	1	1	1	1	1
8	1	1	1	1	1	1	1	1	1
9	1	1	1	1	1	1	1	1	1
10	1	1	1	2	2	2	2	2	2
11	1	1	1	1	1	1	1	1	2
12	1	1	2	2	2	3	2	2	2
13	1	1	1	1	1	1	2	1	1
14	1	1	1	1	1	1	1	2	1
15	1	1	1	2	2	2	2	2	1
16	1	1	2	1	2	2	1	2	1
17	1	1	1	2	2	1	1	2	3
18	1	1	1	1	1	1	1	1	1
19	1	1	1	1	2	2	2	1	1
20	1	1	1	1	1	1	1	1	1
21	1	1	1	1	2	1	1	1	2
22	1	1	1	1	1	1	1	1	1
23	1	3	2	1	2	1	1	1	1
24	1	1	1	1	2	2	2	2	2
25	1	1	1	1	2	2	2	3	3
26	1	1	1	2	2	2	1	1	2
M	1.00	1.08	1.19	1.19	1.42	1.42	1.38	1.42	1.42

「DJW-PU のトピック数一覧」

	1回目	2回目	3回目	4回目	5回目	6回目	7回目	8回目	9回目
1	1	1	2	2	2	2	2	2	1
2	1	1	2	2	3	2	2	2	2
3	1	2	2	2	2	2	1	2	1
4	1	1	2	2	1	2	2	1	2
5	1	1	2	2	2	2	2	2	2
6	1	2	2	2	2	2	2	2	4
7	1	1	2	1	1	1	1	2	1
8	1	2	2	2	2	3	1	1	2
9	1	2	2	2	2	2	2	2	1
10	1	2	2	2	2	2	2	2	3
11	1	2	1	1	1	1	1	1	2
12	1	1	1	2	2	1	1	1	1
13	1	2	2	3	2	2	3	1	2
14	1	2	2	1	1	2	1	2	1
15	1	1	2	2	3	1	1	2	2
16	1	2	2	2	2	2	1	1	1
17	1	2	1	2	1	1	1	1	2
18	1	2	2	1	1	2	2	1	1
19	1	2	2	1	1	1	1	1	1
20	1	1	2	1	2	2	2	1	3
21	1	1	1	2	2	2	2	2	2
22	1	1	2	1	1	1	1	1	3
23	1	1	2	2	2	3	2	2	1
24	1	1	1	2	1	1	1	1	1
25	1	2	2	2	1	1	1	1	2
26	1	1	1	1	2	1	2	1	1
M	1.00	1.50	1.77	1.73	1.69	1.69	1.54	1.46	1.73

資料2:FW で教員が提示したテーマ一覧

FY-PU のテーマ一覧

	テーマ
1	自己紹介
2	アルバイト
3	映画
4	家族
5	学校
6	夏休み
7	読書
8	夢
9	英語

FY-PU のテーマ一覧

	テーマ
1	自己紹介
2	家族
3	学校
4	忘れられない出来事
5	専攻について
6	大学祭
7	社会問題
8	社会問題
9	社会問題

あとがき

　ダイアローグ・ジャーナル・ライティングを英作文教育の1つとして研究しようと思ったのは、高校英語教員として勤務しながら、夜間の大学院で英語教育を学んでいた時だった。修士課程では、高校生向けの異文化適応トレーニングを研究テーマとしていたが、文献研究をしている間に「多文化主義」の関連で、カナダの哲学者 Charles Taylor の著作 *Multiculturalism*（1994）と出会い、その中で彼が文化的アイデンティティは「対話」的に構成される、という考えを提示していることを知り大変知的に触発された。多様な移民で構成されたカナダにおいて文化的アイデンティティをどのように考えるかは、どのように多文化社会に対応するかを決めることになる。その際、歴史的・社会的に構成された多様な社会的状況を取り込んだ「対話的アイデンティティ」という考えは柔軟であり、現実を反映していると彼は考え、その提案を行っていた。その際 Taylor が言及していたのが Mikhail Bakhtin であったり、Lev Vygotsky などの旧ソヴィエト連邦の研究者であった。私は Bakhtin や Vygotsky が「対話」や「コミュニケーション」から言語を捉えていることをはじめて知った。アイデンティティが個人的な問題ではなく、他者との関係性で捉えることができる、それも他者による影響というレベルからではなく、他者とのやりとりがそもそもアイデンティティの起源である、という考え方はとても新鮮であり、それまでの発想を180度変えるものだった。そういったアイデアから異文化コミュニケーションでダイアローグ・ジャーナルを利用した事例を参照して、修士論文を完成させた後、改めて Vygotsky や Bakhtin の研究にあたりはじめた。同時に当時勤務していた県立工業高校における英語教育実践をどのように「対話」という視点から解釈できるかも考え始めた。本書で扱ったダイアローグ・ジャーナル・ライティング研究はこれらの理論や実践研究の結果として生まれた。

本書を上梓できるのも様々な方に支えられてきたからであるが、誰よりもまず感謝申し上げたいのは、英語教育研究のみならず、英語教員としても様々なことを教えていただき、多大な支援を頂いた木村友保先生である。そもそも木村先生は、日本におけるDJW研究の先駆けであり、英検研究助成制度においても私の先輩であり、現在では同じ名古屋外国語大学現代国際学部において教育・研究において常に私に刺激を与えていただいている。

　また、本書の基となった博士論文に関して、主指導教員の山下淳子先生に感謝申し上げたい。2004年4月に名古屋大学大学院国際開発研究科に入学してから、博士論文を書き上げるまでの8年間、遅々と進まない私の研究につきあっていただき、折にふれ、論文完成に向けた温かい言葉をかけていただき、山下先生のご指導がなければ、博士論文を完成することはできなかった。

　本書の研究は、背景としてヴィゴツキーの発達心理学から多くの影響を受けている。修士課程を修了した後、発達心理学の専門ではない私は、土井捷三先生（神戸大学名誉教授）が主宰する「ヴィゴツキー学協会」の研究集会などに参加し、この10年あまり神戸に赴いて勉強させていただ。本書の研究が多少でも、ヴィゴツキーの研究を反映させることができたとしたら土井先生、そして西本有逸先生（京都教育大学教授）をはじめとする「ヴィゴツキー協会」のみなさんのおかげである。

　本書のDJW研究は、高校教員時代の勤務校である県立工業高校で行ったDJW研究が発展したものである。その勤務校では英語が苦手な生徒が多く、授業がうまく進まないこともしばしばあり、いろいろ工夫して授業を展開していた中、DJWを実践してみたところ、予想以上に効果があったことを実感した。そして、その効果はどこから来るのか、そして本当に効果があるといえるのか、というその時の疑問がこの研究の始まりだった。私は、本研究を本格化させるため2007年3月に高校教員を退職したが、14年間勤めた高校教育現場は、私や本研究の原点であると言え、その当時お世話になった先生方や生徒諸君の協力に、心より感謝申し上げたい。

特に、なかなか研究時間が見つけられない厳しい職場環境で、陰ながら私の研究活動を理解していただいた堤眞司先生、また最後の職場で、退職するという私の勝手な申し出に応えていただき、研究に理解を示していただいた薗部よし子元校長には、ここで改めて感謝申し上げたい。

　最後になったが、修士課程時代からの研究は、私の家族の協力なしには成しえなかった。公立高校の教員を辞め、大学非常勤講師として再出発した私たち家族を温かく見守ってくれた母美弥子、義父母の生方繁雄・朝子、そして本書を見せることができなかった亡父清治に、心より感謝している。そして、何よりもいつも身近で、心から私の研究活動を支援してくれた妻佳世と息子逸史、愛犬ココに感謝をして、この研究を捧げたい。

2014 年 1 月 15 日

佐藤　雄大

事項索引

【あ】
アーギュメント 75
アーギュメント重複（Argument Overlap: AO） 7, 9, 76-78, 82-85, 92,120-126, 133, 166-169, 173, 177, 185-187, 195-196, 199
足場かけ（Scaffolding） 9, 23, 50-59, 63-65,179
一元配置の分散分析 96
意欲 7, 8, 65
ESL 10, 25
エッセイライティング 4, 26, 91, 192
L2ライティング 10

【か】
カイ二乗分析 33
概念形成 201
書き言葉 40
書き手の目的 43
学的概念 50
仮想的有能感 62
課題環境（Task Environment） 15, 16, 41-49, 63-65, 87, 91, 187
課題の心的表象 42
ギロー指数（Guiraud Index：GI） 68, 71, 73,100
GIの分析結果 157
球面性仮定 103
教員の介入 3, 5, 7, 9, 41-42, 47-49, 120, 134, 157, 159-162, 165, 171, 175-176, 180-183, 186-187, 191, 196-197
経時的データ 102
Kruskal-Wallis 96
系列相関 102
結束性 7, 74
原子命題 75
構築・統合モデル 74
行動主義 50
交流的足場かけ 23, 51
効力感 62
声の文化 202
語数 30, 31, 33
語数の推移 60
Coh-Metrix 76, 78, 82-87, 100-101, 166, 168-169,199
コーパス 12,199
Conference on College Composition Communication 10
異なり語割合（ギロー指数；Guiraud Index: GI） 7, 35, 38, 68, 71, 73, 92, 100, 115-120, 133, 157-162, 165-166, 176, 195

【さ】
最近接発達の領域（Zone of Proximal Development: ZPD） 26-27, 49-54, 201
産出されたテキスト 43
次元縮減 81
自己決定理論 61
失敗の場所作り 23
質問紙調査 5-8, 33, 36, 134-154, 173-177, 179, 190-191, 194-195, 197, 199-200
指標D 71
ジャーナル 21
Journal of Second Language Writing 11

重回帰分析　69
自由英作文　6
首尾一貫性　7, 74
熟達者／非熟達者　16-19
心的表象　75, 78-79,
状況　15
状況モデル　75
随意的　201
生活概念　50
心的表象（Mental Representation）　42, 49, 75, 78-79
節の長さ（Clause Length：CL）　7, 35, 38, 68, 69-70, 92,100, 108-111, 119-120, 133, 165-166, 180, 195
CEFR　95
潜在意味インデキシング　80
潜在意味解析（Latent Semantic Analysis: LSA）　7, 9, 79-85, 92,127-133, 169-173, 177, 185-187, 195-196, 199
相互作用　29, 61

【た】
対話　23
ダイアローグ・ジャーナル・ライティング（DJW）　3
多変量分散分析　37
短期記憶　16
知識変容　16
長期記憶　16, 41
聴衆　43
テキスト性　74
テキストレベル　39
T-unit　4
T-unit複雑性（T-unit complexity: TC）　7, 35, 38, 66, 68, 70, 73, 92, 100, 111-115, 119-120, 133, 162-166, 173, 176, 180, 183-185, 195-196

TCの分析結果　162
TESOL　11
TOEIC　95, 198
TOEFL　69, 81, 95-96, 162, 197
動機づけ　7
特異値分解　80-81

【な】
内容的一貫性　6
二要因分散分析　102
認知的ライティング・プロセス・モデル　13
認知伝達　16

【は】
箱ひげ図　138-144
発声思考法（発声思考プロトコル）　14-15, 41, 45-46, 48
話し言葉　40
パラグラフ・ライティング　4
表現主義　13
表象　15
表層的記憶　75
複合命題　76
フィードバック　31
複雑さ　73
不良定義問題（Ill-defined Problem）　43, 46, 48
Flech-Kincaid指数　31
プロセス・アプローチ　3, 5-6, 10-12,20, 21, 24-26, 27, 34, 38-39, 51, 194
プロセス・モデル　15, 16, 41, 91
プロトコル　46
分散分析　8
文法の正確さ　30
文法的複雑さ　29
平均語数（Average Number of Words:

ANW) 7, 33, 63, 65, 68-70, 72, 92, 100, 103-107, 119-120, 132-133, 155-157, 162, 165-166, 176, 178-180, 195
ANWの分析結果 155
ベクトル空間モデル 80
ホメロス 202
ボンフェローニの補正法 105
方略 8

【ま】
未熟な書き手 54
命題 75
命題的テキストベース 75
メンフィス大学 87
文字の文化 202
問題解決(Problem Solving) 15, 19, 23, 41-42, 49, 52-53, 188
問題／課題 43

【や】
有能感 7-8, 33, 61-65, 88-89, 92, 134, 136-140, 145-147, 153-154, 173-177, 179-180, 190-193, 195-197, 200, 203
「有能感」の質問群 145-147
有能さ 61
良い書き手 54

【ら】
ライティング・プロセス・モデル 13, 15-19, 41-43, 47-49, 63, 91
ライティング・プロダクト 4
リカート・スケール 89
リキャスト 51
リテラシー研究 201-203
流ちょうさ 29
レトリック 25
レトリック的状況(the Rhetorical situation) 7, 43-49, 54, 63-64, 91, 187, 198
レトリック的問題 42
レトロスペクティブ・プロトコル 198

人名索引

人名（外国人）

【A】
Anzai, Y.　42

【B】
Bereiter, C.　16-19, 40-42, 186-187, 202
Berry, M. W.　80
Bitzer, L. F.　7, 44, 45
Blanton, L. L.　24
Blumenthal, K. A.　24
Britton, B. K.　77
Brown, G.　78
Bruner, J. S.　23, 50-52, 65
Buber, M.　23
Burstein, J.　199

【C】
Cai, Z.　82
Carey, L.　43, 46
Casanave, C. P.　3-4, 22, 29-32, 35,66, 68, 70, 72-73, 162, 165, 183-185
Chaudron, C.　58
Council of Europe　95
Crossley,S. A.　84
Cumming, A.　3, 11, 23, 26-28, 49

【D】
Deci, E. L.　61-62
Dörnyei, Z.　88, 200
Doughty, C.　58
Dumais, S. T.　80-81
Duppenthaler, P.　3-4, 21, 24, 30-32, 34, 36-37, 66-68, 72, 91, 179

【E】
Emig, J.　14-15

【F】
Faigley　14, 42
Feldt, L. S.　103
Flower, L.　13, 15-16, 19, 41-49, 54, 65, 91, 187, 198, 202
Fries, C.C.　11

【G】
Galbraith, D.　19
Gass, S. M.　58
Geisser, S.　103, 123, 125
Ginther, A.　69, 71
Goelman, H.　16
Grabe, W.　35, 78
Graesser, A.　78, 82
Granham, A.　78
Grant, L.　69, 71
Greenhouse, S. W.　103, 123, 125
Guenette, D.　58
Gulgoz, S.　77

【H】
Halliday, M. A. K.　74, 76, 78, 84
Hasan, R.　74, 76, 78, 84
Hauser, G. A.　45
Hayes, J.　13, 15-16, 19, 41-49, 54, 65, 91, 187, 198, 202
Hirose, K.　88

Holmes, V.　3, 25, 28
Hunt, K. W.　69-70, 184
Huyunh, H.　103

【I】
Inagaki, S.　7
Ishikawa, S.　68-70, 165

【J】
Jarvis, S.　71

【K】
Kaplan, R.　35, 78
Kim, H.-Y.　7
Kimura, T.　46
Kinginger, C.　50
Kintsch, W.　74-84, 92, 169
Kluwin, T. N.　24
Kreeft, J.　3, 22, 24, 28
Kuiken, D.　78

【L】
Landauer, T. K.　81-82, 172
Langston, M.　78
Lantolf, J. P.　50
Larsen-Freeman, D.　69
LaTour, S. A.　103
Lee, I.　3, 20, 24, 76, 78
Leki, I.　4, 11, 19, 55
Long, M.　58
Louwerse, M. M.　82
Lyster, R.　58-59

【M】
Mackey, A.　58
Mahn, H.　3, 25, 27, 29, 49, 56, 192
Malvern, D.　71

Manchon, R.　19, 188
Marin, J.　19
Matsuda, P. K.　11, 46
McNamara, D. S.　82
Miall, D. S.　78
Miniard, P. W.　103
Moulton, M.　3, 25, 28
Murphy, L.　19, 41, 188
Murray, D. M.　13

【N】
Nassaji, H.　3, 23, 26- 28, 49
Newell, A.　15, 19, 42, 52

【O】
O'Brien, G. W.　80
Oshima, J.　46
Oxford, R. L.　3

【P】
Peyton, J. K.　6, 22, 85-86
Plimpton, G.　14
Polio, C. G.　68, 70, 100

【R】
Ranta, L.　58
Reed, L.　6, 21-22
Richardson, G.　85
Richards, B.　71
Rijlaarsdam, G.　41, 47
Robb. T.　68
Roca de Larios, J.　41, 188
Ross, G.　23
Ross, S.　68
Ryan, R. M.　61-62

【S】

Sadow, C.　13
Salton, G.　80
Santos, T.　11
Sasaki, M.　88
Sato, T.　22, 31-32, 46, 188, 190, 198
Scarcella, R. C.　3
Scardamalia, M.　16-19, 40-42, 186-187, 202
Scott, M.　101
Seyoum, M.　86
Shermis, M. D.　76, 199
Shortreed, I.　68
Shuy, R.　6, 21, 23, 183
Silva, T.　11, 13
Simon, H. A.　15, 19, 42, 52
Singer, M.　79
Spack, R.　13
Staton, J.　6, 20-22, 24-25, 85, 179
Susser, B.　3, 12, 20, 24, 34
Swain, M.　50

【T】

Talburt, S.　3, 25, 28
Tannenbaum, R. J.　95
Tedick, D. J.　68-69
Torrance, M.　19

【V】

van den Bergh, H.　41, 47
van den Broek, P.　79
van Dijk, T. A.　74, 77-79
Vermeer, A.　71
Vygotsky, L. S.　25-27, 29, 50-52, 65, 200-202

【W】

Weissberg, R.　3, 21, 23, 28-30, 34, 36, 40, 59, 66, 183, 187
White, R.　62, 190
Williams, J.　58
Wolfe-Quintero, K.　7, 35, 59, 67-71, 92, 165, 184
Wolfram, W.　85
Wong, A.　80
Wood, D.　23, 52-54
Wylie, E. C.　95

【Y】

Yang, C.　80
Yoshihara, R.　3-5, 32-36, 66, 72, 179
Yule, Y.　78

【Z】

Zamel, V.　11
Zwaan, R.　78-79

人名（日本人）

【あ】

安西祐一郎　42, 46
猪原敬介　80
卯城祐司　74
沖原勝昭　90

【か】

海保博之　75, 77
加藤隆　75, 77
鎌原雅彦　87-88
北研二　80
木村友保　3-4, 30, 32, 55, 84-85
楠見孝　80
国際ビジネスコミュニケーション協会

（財）　95, 198

【さ】
佐藤雄大　4, 10, 30-32, 34, 56-57, 60-61, 63, 66, 72, 164
繁桝算男　69, 71, 103, 144
柴田義松　201-202
杉浦正利　69, 71

【た】
大学英語教育学会実態調査委員会　4
竹原卓磨　105
田中敏　105
丹後俊郎　102-103
千野直仁　102-103
対馬栄輝　101, 144
鳥飼玖美子　95

【な】
中谷素之　61

名部井敏代　58-59
成田真澄　69, 71
入戸野宏　144
南風原朝和　144

【は】
馬場浩也　102
速水敏彦　62-63
廣森友人　61, 87-88, 135

【ま】
水本篤　69, 71
宮田学　4
邑本俊亮　74-75
森敏昭　103, 144

【や】
柳井晴夫　69, 71, 144

索　引　231

著者

佐藤　雄大（さとう　たけひろ）

1966年愛知県生まれ。
南山大学文学部哲学科卒業後、愛知県立高校の英語教員として14年間勤務。その後名古屋大学教養教育院助教を経て、現在、名古屋外国語大学現代国際学部准教授。
南山大学大学院外国語学研究科修了、修士（英語教育）取得後、名古屋大学大学院国際開発研究科国際コミュニケーション専攻にて博士（学術）を取得。
専門は、英語教育学、ライティング教育、ヴィゴツキー発達心理学。

【主な著書・論文】
Better Reading, Better Writing with NHK WORLD NEWS（共著、南雲堂）
「ライティング研究に求められているもの」（木村他編著『リーディングとライティングの理論と実践―英語を主体的に「読む」・「書く」』大修館）
「ヴィゴツキー発達心理学から英語教育を捉え直す－人間形成をめざしたコミュニケーション教育の可能性－」（三浦他編著『英語コミュニケーション活動と人間形成』成美堂）

対話を用いた英語ライティング指導法
―ダイアローグ・ジャーナル・ライティング指導で
　学習者をサポートできること―

平成27年2月28日　発行

著　者　佐藤　雄大
発行所　株式会社　溪水社
　　　　広島市中区小町1-4（〒730-0041）
　　　　電話 082-246-7909／FAX082-246-7876
　　　　URL: www.keisui.co.jp
　　　　e-mail: info@keisui.co.jp

ISBN978-4-86327-285-9　C3082